CONFÉRENCE DES ATTACHÉS

DES

INSTITUTIONS OUVRIÈRES

AU DIX-NEUVIÈME SIÈCLE,

PAR

HENRI AMELINE,

AVOCAT A LA COUR IMPÉRIALE DE PARIS.

PARIS,

IMPRIMERIE DE VICTOR GOUPY,

RUE GARANCIÈRE, 5.

—

1866.

CONFÉRENCE DES ATTACHÉS.

Séance du 3 décembre 1866.

PRÉSIDENCE DE **M. BRIÈRE-VALIGNY**,

Docteur en droit, Avocat général près la Cour impériale de Paris.

INTRODUCTION.

Un des ministres les plus célèbres et les plus populaires de l'Angleterre appelait le XIXᵉ siècle, le siècle des ouvriers. Cette parole restera comme une vérité. Les gouvernements ont-ils à aucune époque fait autant pour les ouvriers? Les classes élevées ont-elles jamais cherché davantage à augmenter leur bien-être et à les moraliser? Eux-mêmes, ces ouvriers, ont-ils jamais eu une part plus grande à la vie sociale, et des salaires plus élevés? Mais, à côté de ce fait d'expérience, il se soulève toujours bien des craintes et des appréhensions.

Que de systèmes qui s'entre-croisent, d'idées qui se heurtent, d'intérêts qui se combattent !

Le Gouvernement, en donnant un suffrage politique égal à tout le monde, en montrant une déférence qui ne se dément pas envers les intérêts populaires, a contribué entre tous à donner au peuple une prépondérance qu'il n'avait pas. Les autres classes s'en émeuvent. Ce souci s'accroît encore et se ravive à l'audition et à la lecture de quelques pensées plus ou moins saines, mais très-répandues. Là, on dit ou on écrit que les couches sociales n'ont jamais manqué avec le temps à élever leur niveau, et que de même que la bourgeoisie a remplacé la noblesse, de même le peuple, c'est-à-dire cette masse d'individus, jadis sans nom, mais qui pèse et qui compte maintenant, qui vit du travail de ses bras, est destiné dans l'ordre de la Providence et de la logique à succéder à la bourgeoisie. Ailleurs, on renchérit sur cette analogie problématique. On flatte le peuple, on le flatte quand même. N'est-ce pas le rôle de certaine presse ? On s'engoue alors pour le mot, au moins autant que pour la chose. On ne cherche qu'à plaire et à séduire. Il semblerait que ces intérêts populaires sont plus faciles à amorcer et que, pour être les plus nombreux, ils sont tout-puissants, sans être tenus envers autrui à la même justice et à un égal respect. En vérité que signifie le nombre dans l'ordre du juste et de l'injuste ! Et cependant les majorités ne sont-elles pas dans les sphères sociales un des moyens les plus naturels et les plus légitimes de décision ? Les ouvriers ne comprennent que trop bien, d'ailleurs, les élogieuses excitations qui leur sont adressées. Leurs prétentions s'accroissent de plus en plus. Se refusent-ils, comme jadis, les jouissances de la vie matérielle? Non. Ne possèdent-ils pas, à l'inverse des temps écoulés, un amour du luxe dispendieux de sa nature? Sont-ils disposés encore à suivre des conseils? En même temps qu'ils gagnent davantage, ils s'évertuent d'autant plus de se débarrasser de ce qui ressemble à une influence et de secouer les jougs, quels qu'ils soient. L'idée d'aumône les humilie. Ils ne chérissent plus sans doute les conceptions chimériques et socialistes de 1848. L'utopie a perdu du terrain. Mais, sans reproduire les abusives idées du *droit au travail*, ils s'emparent avec ardeur des idées d'égalité et repoussent toute supériorité. Il semblerait parfois qu'ils ne courent plus désormais après le patron, mais que ce sont, au contraire, les patrons qui les sollicitent! tant leurs exigences sont grandes, leurs volontés arrêtées. Il est vrai que la coalition, en théorie du moins, est une faculté légale.

Faut-il s'affliger de ces symptômes? Les uns y applaudissent, les autres les regrettent ; spectateurs censés de cette transformation, les hommes impartiaux s'efforcent de tempérer le mouvement, de semer partout un peu de conciliation, dès qu'ils voient poindre la possibilité d'un conflit. Quelle conduite tenir au milieu de ces divergences d'opinions? Faut-il tendre à ce qu'on appelle quelquefois l'émancipation des classes laborieuses? Convient-il de les pousser en avant, de leur faciliter encore

leur mouvement ascensionnel si visible? Ou bien devons-
nous nous cuirasser de défiance, nous armer d'une indifférence raisonnée? Quelles sont les voies que nous
avons à suivre dans nos rapports sociaux? Vers quel
but l'influence de chacun tendra-t-elle? Les riches tour-
neront-ils le dos à ceux qui ne le sont pas? Bouderont-
ils, en se renfermant dans leur bien acquis? Se clôtu-
reront-ils sur le seuil impénétrable de la bourgeoisie
parvenue; ou bien, au contraire, les classes diverses se
mêleront-elles, déteindront-elles les unes sur les autres en
mélangeant leurs opinions, en confondant leurs intérêts,
en faisant servir à leur utilité publique, les unes leurs
services, les autres leur intelligence? Y aura-t-il sur
la surface sociale un nivellement égoïste individuel; y
aura-t-il un communisme impossible? — N'y aura-t-il
pas plutôt une action de l'homme sur l'homme, de l'intelligence sur l'ignorance, du capital sur le travail, de
la moralité sur le vice, de la religion sur les écarts de la
libre pensée, sur les audaces insouciantes de l'incrédu-
lité, action précieuse, noble et fécondante qui raffermi-
rait les idées chancelantes, calmerait les consciences
troublées, jetterait enfin un peu de baume sur les souffrances et vivifierait les espérances, en apaisant les inquiétudes. Voilà bien, dans un ordre confus, le fruit du
premier jet de la réflexion de tous, voilà bien les pensées qui agitent l'époque et révolutionnent le siècle, les
voilà bien telles qu'elles sortent du cerveau de l'imagi-
nation, à travers le prisme des simples apparences.
Sur ces données un peu vagues qu'on aperçoit partout,

dont on cause partout, dans les livres les plus sérieux comme dans les conversations les plus frivoles, examinons ces problèmes et ces difficultés sociales d'un peu plus près. Demandons, s'il est possible, quelques solutions précises à l'examen et à l'étude.

CHAPITRE PREMIER.

ÉTAT DU PAUPÉRISME, SES CAUSES ET SES REMÈDES.

Points de vue auxquels bien des publicistes examinent le paupérisme. — Données générales de la statistique de la misère. — Le
taux des salaires est d'ordinaire suffisamment élevé. — Différence
entre le nord et le midi de la France quant au paupérisme; entre
les travaux agricoles et les travaux manufacturiers, entre le travail des hommes et celui des femmes. — Est-il juste d'imputer
le paupérisme aux divers systèmes de gouvernement?— Enseignements de l'économie politique. — La misère n'est-elle pas, en majeure partie, imputable aux vices des pauvres? — En dehors des
remèdes individuels, quels sont les remèdes généraux? — Quelles
espérances peut-on fonder sur l'assistance publique et privée? —
La bienfaisance collective et l'association; caractères qu'elles doivent revêtir.

On s'occupe beaucoup aujourd'hui du *paupérisme*.
On a même, dans les temps modernes, créé ce mot
nouveau pour définir cette sorte d'état social. Mais,
si le mot est moderne, la chose est vieille, et peut-être
est-il vrai de dire qu'au milieu des préoccupations de
notre âge, on s'habitue trop à considérer le paupérisme
comme une sorte de plaie permanente, plus pressé qu'on
est d'en indiquer théoriquement les remèdes que d'en
combattre pratiquement l'extension.

Un des points de vue auxquels certains publicistes
étudient le plus volontiers le paupérisme, est le point

de vue politique et révolutionnaire. Ils l'envisagent comme une menace pour l'ordre. Pauvreté n'est pas vice, dit le proverbe. Peu s'en faut pourtant. *Malesuada fames*. Comment l'indigent qui souffre n'envierait-il pas, avec des yeux de haine, les prodigalités du riche? C'est un instinct de la nature ; et puis il y a quelquefois tant d'abus de la richesse à côté des angoisses de la douleur ! Combien les hommes de plume et de parole ne sont-ils pas plus coupables encore d'employer leur talent à fomenter ces haines, d'opposer toujours une classe de la société à l'autre, d'entretenir ainsi des hostilités permanentes, de ne considérer les révolutions que comme des armistices, d'exciter toujours et partout une homicide division ! Que ne disent-ils pas plutôt que le riche est la providence du pauvre, qui ne travaillerait pas sans lui ! Que ne disent-ils surtout que la pauvreté n'est que trop souvent imputable à elle-même et à ses vices ! La sévérité pour les classes élevées, qui abusent quelquefois, n'excuse pas une complaisance exagérée pour les classes inférieures qui, en revanche, ne cherchent que trop souvent à exploiter autrui.

Mais, à côté de la question politique, il y a une considération plus sociale, c'est l'humanité qui vibre en nous comme un cri de la conscience. S'il est vrai que les classes inférieures ne valent pas toujours, individuellement, la peine qu'on travaille pour elles, s'il est vrai que le sentiment de la justice et de la reconnaissance, de la modération surtout, leur échappe parfois, ce n'en est pas moins un devoir pour les classes supérieures d'user de leur supériorité, non pas seulement pour se montrer compatissantes et généreuses envers elles, mais encore pour les guider dans des voies d'ordre et de tranquillité.

Connaît-on bien l'état actuel du paupérisme? Sait-on assez que le nombre total des individus secourus par la charité publique en France s'élève à 1,330,000 environ, qui, ajoutés aux 338,000 mendiants, font un total de 1,700,000 personnes plongées dans la misère? Sait-on que la consommation normale de blé pour chaque tête devrait être de trois hectolitres, et que sur les 80 millions d'hectolitres qui sont consommés en France, il y a alors dans les quantités absorbées une différence en moins d'un tiers? Réfléchit-on à cela, entre tant d'autres choses? Connaît-on toutes les misères? N'a-t-on pas tout dit lorsqu'on a dit que le salaire des travailleurs est insuffisant et qu'il faut l'augmenter? Solution superficielle, d'une vérité apparente, et qui pourtant n'est maintenant exacte que pour quelques cas exceptionnels : car, en général, la main-d'œuvre s'est tellement augmentée, les salaires se sont tellement accrus, qu'on peut dire, sans exagération, qu'ils sont largement en équilibre avec les dépenses de l'artisan, et qu'ils lui permettent même, s'il est économe et laborieux, de réaliser des économies appréciables. On se tromperait si, pour l'ensemble des pays, on jugeait les choses comme on les voit dans les grandes villes et notamment à Paris, qui impose des dépenses énormes pour le loyer, le chauffage, etc. Ce n'est donc pas une augmentation de salaire qu'il faut poursuivre, en principe, mais une amélioration personnelle du pauvre qui en est tout indépendante.

Avec la pauvreté matérielle le paupérisme se manifeste encore par deux caractères principaux : l'ignorance et la criminalité. C'est, en effet, dans les classes pauvres que l'ignorance se trouve répandue, et c'est là que la criminalité se développe dans la plus large proportion. Misère, ignorance, criminalité, ce sont là les trois grands caractères du paupérisme qui indiquent en même temps leur remède : bien-être relatif, instruction et moralité.

Si tels sont les caractères saillants du paupérisme, ils varient, bien évidemment d'ailleurs, suivant le climat, le pays, la nature des travaux et le sexe des travailleurs. Combien le Nord par exemple n'est-il pas plus malheureux que le Midi ? Cette différence tient à des causes multiples. C'est dans le Nord, d'abord, que se développent particulièrement les trois grandes industries de la laine, du lin et du coton, qui accumulent les ouvriers dans les villes manufacturières ; le climat y est plus rigoureux, et l'intempérie de l'air est une des causes les plus vives de misère pour le pauvre. C'est donc du côté du Nord, dans les pays de fabriques que la charité a le plus à faire, et qu'il importe plus particulièrement de lutter contre la souffrance.

Une autre source de variation énorme de l'intensité du paupérisme est dans le travail des champs ou dans le travail des villes. L'agriculture compte un indigent sur

quatorze habitants des campagnes, et les départements
manufacturiers en comptent un sur huit ouvriers. Il est
vrai que les campagnes sont inférieures à la ville pour
le montant des salaires et même pour le développement
de l'instruction. Mais quelle différence dans le régime
de travail! La campagne, au lieu des inconvénients
forcés de toute concentration d'hommes, vous donne un
logement sain et un travail en plein air à la place d'une
incarcération pénible, à côté du bruit étourdissant des
machines. A la campagne, il y a moins de besoins.
Combien l'agriculture n'est-elle pas préférable pour la
moralité des travailleurs en même temps que pour leur
santé et celle de leurs enfants!

Nous avons dit que le paupérisme apparaissait sous
une face ou sous une autre, suivant qu'on envisageait
chaque sexe en particulier. Indépendamment de la misère physique, les jeunes filles sont encore exposées
plus particulièrement à la séduction et à la misère morale. Devenues femmes, elles sont astreintes assez ordinairement à des travaux trop pénibles, et cependant
leur salaire est notoirement inférieur à celui des
hommes. Pourquoi faut-il que quantité de travaux qui
réclament de la force et de l'énergie soient confiés aux
mains des femmes, pendant que de grands jeunes gens
exercent la vigueur de leurs bras à essayer un gant ou
à auner de la mercerie? Que de fois n'a-t-on pas si-
gnalé ce mal incroyable qui prive les femmes d'une
source de travail à laquelle leur délicatesse en même
temps que leur faiblesse naturelle leur donnait le droit

absolu de compter. La ténacité de certains patrons est toujours telle qu'il y aurait à faire, comme l'a dit M. Charles Dupin, « un très-beau travail et plein d'hu-« manité sur l'inégalité de l'occupation entre les deux « sexes et sur le salaire du sexe le plus faible. »

Lorsque les publicistes et les économistes, après avoir constaté l'état du paupérisme, en recherchent les causes précises, ils ne sont pas sans éprouver un véritable embarras. La parole de l'Évangile, qu'il y aura toujours des pauvres, sera éternellement vraie. Le paupérisme n'en est pas moins un mal susceptible de diminution et contre lequel il y a lieu, par conséquent, de lutter. On est tenté quelquefois de dire comme La Rochefoucauld-Liancourt « que la misère des peuples « est le tort des gouvernements. » Une telle pensée est éminemment dangereuse. Cette sentence générale n'est pas plus vraie qu'il n'est vrai de dire « qu'un « peuple a toujours le gouvernement qu'il mérite. » C'est à la fois d'un mauvais exemple et d'une logique défectueuse de rejeter sur les gouvernements un état de choses qu'il ne leur est vraiment pas possible d'empêcher.

Ce n'est donc pas dans les systèmes politiques qu'il faut aller chercher une cause véritable du paupérisme. Où la trouverons-nous? Ne croyons pas, au début de ces interrogations, qu'elle soit simple et unique. Il suffit de raisonner *à priori* pour se convaincre qu'elle est multiple et complexe.

Si nous consultons une science nouvelle, l'économie

politique, elle nous dira qu'il y a dans notre société. pour les classes indigentes spécialement, un trop grand nombre d'intermédiaires. Elle nous dira encore qu'il y a de nos jours, une émigration calamiteuse des campagnes vers les villes. Croirait-on que, d'après l'avant-dernier recensement de la population, le département de la Seine s'est accru de 305,000 âmes, alors que la population entière de la France ne s'était augmentée que de 256,000 habitants. Elle nous dira enfin qu'on fait trop de dépenses dans les villes, et qu'un pareil usage de l'impôt froisse la justice en même temps que la proportionnalité sur la base de laquelle il est perçu. N'est-il pas extraordinaire, par exemple, que sur le budget dépensé en 1855 de 2 milliards 102 millions, le département de la Seine ait à lui seul un contingent de 877 millions !

Ce sont là des considérations très-vraies. Elles ont leur valeur. Mais sont-elles décisives? Ne remarque-t-on pas qu'on néglige les aperçus moraux? S'il était possible de remonter les antécédents d'une misère déterminée, les quatre-cinquièmes du temps, ne trouverait-on pas l'origine de la pauvreté dans un vice, dans une faute de l'individu même? Le défaut de conduite, le manque de respect pour la famille, l'absence d'ordre et de bonnes mœurs, le mépris de la prévoyance et de l'économie, n'est-ce pas là le foyer permanent de l'infortune et de l'indigence? Certainement, il y aurait présomption et étroitesse à ne chercher qu'une cause isolée à un aussi puissant effet ; mais de quelque côté

que la question se tourne et se retourne, l'élément imputable à l'homme revient toujours et sans cesse avec
la monotonie fatigante d'un remords pour le passé et la
douceur d'une espérance pour l'avenir.

Du paupérisme, attribué ainsi à des causes nombreuses certainement, insaisissables quelquefois par le
raisonnement, mais presque toujours élucidées par
l'instinct de la conscience, quel est le remède?

Il faut le chercher d'abord dans les efforts de chacun, dans la maxime « aide-toi, le ciel t'aidera. »
Cette sentence si vraie et si efficace n'est cependant
qu'un palliatif individuel; on ne peut en étendre l'application qu'indirectement. Ici, il n'est pas plus permis
qu'ailleurs de faire le bonheur des gens malgré eux. Mais
n'est-il pas des remèdes généraux? Est-ce dans l'ordre
politique, dans l'ordre légal, dans l'ordre industriel,
dans l'ordre économique, dans l'ordre charitable que
nous les découvrirons? Ce serait témérité, encore une
fois, que de s'en tenir à un seul procédé. Il n'y a pas de
panacée universelle ni infaillible. Il ne faut donc pas
craindre de puiser à toutes les sources et de diriger
tous les moyens vers une résultante unique.

Il ne convient d'attacher qu'une importance secondaire à l'étendue des droits politiques chez les classes
inférieures. Le suffrage est aujourd'hui universel; il le
restera. Il y aurait imprudence et maladresse à le restreindre; mais il faut reconnaître, que le vote n'est
qu'un imperceptible moyen d'amélioration matérielle
et morale de l'électeur, d'ici longtemps du moins.

Tant qu'il y aura suffrage, il y aura, auprès de ceux qui ne possèdent pas, d'inévitables influences et, peut-être, des corruptions de toute sorte, et l'exercice de ce droit ne sera que bien difficilement, pour les classes inférieures, un marchepied vers des idées saines et réfléchies.

Quant à l'ordre légal, les réformes qu'on aurait la faculté de lui demander sont peu nombreuses. Se produirait-il dans le paupérisme un changement sensible parce qu'on permettrait la liberté de l'intérêt, parce qu'on étendrait les attributions des conseils de prud'hommes, etc., etc.? Il est cependant des questions qui intéressent directement la moralité des classes ouvrières. Doit-on, par exemple, punir la location d'un logement insalubre? faut-il traiter l'ivrognerie comme un délit? Est-ce le cas de réprimer pénalement la prolongation du travail de la journée dans les manufactures au-delà d'une certaine mesure? Mais prenons garde. Quelques-uns de ces points séduisent en théorie et on ne les appliquerait pas, dans la pratique, sans des inconvénients de plus d'une sorte.

En étudiant ces questions à part et avec le soin qu'elles méritent, on demeure convaincu que les buts très-louables d'ailleurs que se proposent ces moyens de répression, dépendront toujours beaucoup plus des mœurs que d'une solution légale.

L'économie politique, nous le reconnaissions tout à l'heure, pousse avec grand'raison à la suppression des intermédiaires et au développement de l'épargne. Mais

2

comment les classes ouvrières réaliseraient-elles ce double résultat si l'adjonction de la richesse et du capital ne vient pas les aider à pratiquer l'économie ? Il semble donc que les réformes qu'elle conseille ne se placent qu'au second plan et en commandent d'autres qui les priment.

Aussi, on a beau faire, il a fallu toujours en venir à l'assistance, soit publique, soit privée. Comment en serait-il autrement ? Tout homme, a dit le duc de La Rochefoucauld-Liancourt, a droit à sa subsistance. Ce n'est pas que l'assistance, et surtout l'assistance publique soient, ordinairement, un procédé bien avantageux pour adoucir et diminuer la misère. Du plus au moins, l'assistance est toujours, dans une certaine mesure, la taxe des pauvres. Ses résultats sont même presque insignifiants. C'est dire qu'il serait imprudent de fonder sur elle des espérances sérieuses. L'ensemble des bureaux de bienfaisance ne donne en effet qu'une moyenne de onze francs par tête, aux pauvres qu'ils secourent. De quelle efficacité serait une aussi faible somme ? La bienfaisance publique renferme même ce danger qu'elle habitue l'esprit des pauvres à compter sur elle, et les entretient dans l'imprévoyance. D'ailleurs une pareille administration a des complications gênantes et dispendieuses. Les frais d'administration ne s'élèvent pas à moins d'un cinquième des sommes distribuées, et, chose prodigieuse, M. Villermé, comptait dans les hôpitaux et les hospices, un employé pour quatre administrés.

La lecture de quelques lignes que M. de Watteville,

inspecteur général des établissements de bienfaisance, écrivait dans un rapport au ministre de l'intérieur, entraînera les convictions : « On peut dire hardiment « que si la moyenne des secours n'était pas distribuée « aux pauvres, ces derniers n'en seraient pas plus mal- « heureux. Depuis soixante ans que l'administration « publique, à domicile, exerce son initiative, on n'a « jamais vu un seul indigent retiré de la misère et pou- « vant subvenir à ses besoins par les efforts et l'aide « de ce mode de charité ; au contraire, elle constitue « souvent le paupérisme à l'état héréditaire. Les distri- « butions régulières, périodiques, à jour et à heure « fixes, empêcheront toujours l'indigent de sortir de sa « cruelle position. Elles lui donnent même souvent un « esprit d'imprévoyance qui aggrave la situation. Avec « le système actuel, on dépense, dans le cours d'une an- « née, 17 millions pour venir en aide à 1,400,000 indi- « gents, dont le nombre se trouve exactement le même « le 31 décembre de chaque année, s'il n'a pas aug- « menté. »

On le voit, il est impossible d'être plus catégorique. Une pareille solution, émanée d'un homme compétent, est de nature à vous désillusionner pour toujours.

A côté de l'assistance de l'État se place l'assistance religieuse. La charité a un merveilleux élan de cœur. Elle se multiplie pour le bien ; en même temps que les secours matériels, elle prodigue les conseils d'amélioration morale. Où trouver une plus grande vertu pour celui qui l'exerce, un plus grand bienfait pour celui qui le

reçoit ! Et cependant, elle aussi, combien n'est-elle pas
restreinte et limitée, petite et faible en face des douleurs
qui provoquent son activité et l'épuisent !

Que reste-t-il alors sinon la bienfaisance individuelle
et collective. Encore, est-il vrai de dire que la bienfaisance individuelle, si généreuse qu'elle soit, agit en
général sans esprit de suite, ne s'éclaire pas à un foyer
de dévoûments qui s'entretiennent et s'animent mutuellement. C'est donc à la bienfaisance collective qu'il
faut avoir recours. Cette réunion de cœurs et d'intelligences s'appuiera d'une part sur le patronage, c'est-à-
dire sur l'intervention des classes élevées, et, d'autre
part, sur le mutualisme, c'est-à-dire sur la fraternelle
union des classes pauvres. Ce n'est ni l'un ni l'autre de
ces systèmes qu'on devra adopter systématiquement et
exclusivement. Le meilleur moyen de succès, c'est de
mêler et de fusionner toutes les forces sans égoïsme et
sans jalousie de castes. En un mot, on doit s'efforcer de
faire régner partout et toujours l'association avec ses
attributs essentiels et primitifs de loyale confraternité.
L'association est susceptible de quantités d'applications. Elle emprunte une foule de caractères. Elle convient à l'ordre industriel et à l'ordre agricole, à l'ordre
intellectuel et moral; elle réclame impérieusement,
pour arriver à son but, la présence collatérale du riche
et du pauvre. L'association, voilà l'idée qui se rencontre à profusion dans les livres du XIXᵉ siècle. On
commence à la pratiquer, mais trop lentement, en con-
servant un cortége de préjugés pusillanimes et de pré-

ventions étroites. D'autrefois on fausse son application naturelle ; les uns veulent, tout de suite, lui donner une couleur politique. Tendance déplorable entre toutes ! Par là on dénature et on compromet infailliblement l'œuvre : la faire politique, c'est la rapetisser ; elle est plus que politique, elle est sociale. D'autres insistent immédiatement pour que l'association s'organise avec une hiérarchie centrale et compliquée. Un pareil programme manquera aussi presque toujours ses promesses. Sans doute il faut une administration, une surveillance ; mais il est essentiel que l'association soit avant tout locale, qu'elle se constitue avec un personnel de la place, qu'elle emprunte ses ressources au pays, et qu'elle soulage de préférence ses pauvres indigènes. Quand, par son action bienfaisante, elle aura ainsi combattu le mal au milieu duquel elle vit, elle pourra alors, par surcroît, se rattacher par certains liens à d'autres sociétés. Mais il est à souhaiter que ces liens ne soient jamais assez forts pour la paralyser dans son action individuelle et spéciale.

Sous l'influence de ces idées, l'association ainsi comprise, étudions tour à tour ce que peuvent être et ce que doivent être, à notre époque, le patronage d'un côté, et le mutualisme de l'autre.

CHAPITRE II.

―――

DU PATRONAGE.

Hostilités que rencontre l'idée du patronage. — Nature et éléments pratiques du patronage. — Choix à faire entre les diverses espèces de patronage. — Combien les patrons et les ouvriers demeurent étrangers les uns aux autres. — Opinion uniforme des principaux publicistes de notre époque, MM. Villermé, Jules Simon, Louis Reybaud, Leplay, Eugène Véron. — But et tendances que doit avoir ce patronage. — Conditions nécessaires pour assurer son efficacité. — De ses applications à la propriété foncière et manufacturière; rôle de tous ceux qui jouissent de certaine influence.

Un des points les plus importants de ce sujet se concentre dans l'idée de patronage, qui implique l'idée d'influence, de protection de certains hommes sur d'autres. Il se dessine ici deux partis bien différents : l'un, le parti conservateur, considère le patronage comme un devoir et une nécessité sociale ; l'autre, qu'on peut appeler, pour la facilité du langage, sans attacher trop d'importance au mot, le parti démocratique et ouvrier, n'en veut à aucun prix. Guidé par des esprits avancés, il repousse de toutes ses forces ce qui, de près ou de loin, constitue une supériorité, sous quelque forme qu'elle se manifeste, bienfaisante ou intéressée. C'est ainsi, par exemple, qu'il est profondément antipathique à l'intervention des membres honoraires dans les sociétés de secours mutuels. Il dédaigne de même tout ce qui ressemble à une société de bienfaisance, sous prétexte qu'il ne veut pas d'aumône. Son dernier mot c'est l'association pour gagner. C'est la coopération poussée à la dernière limite ; c'est la substitution du patron à l'ouvrier, et, par suite, le nivellement des classes, l'augmentation de l'aisance, la destruction du paupérisme.

Il importe de combattre ce que cette opinion a d'extrême. Oui, sans doute le mouvement coopératif est excellent ; oui, dans une certaine mesure, il est légitime et bon que le salarié devienne associé. C'est la marche des choses, le vœu de toute ambition et le but de tout travail. Mais ce mouvement n'est louable qu'à la condition de ne pas s'exagérer et de ne pas s'universaliser indéfiniment. Autrement on se ménage des déceptions volontaires ; on s'accule devant des impossibilités radicales. Dans un sens large, tant qu'il y aura une société, il y aura des riches et des pauvres, des patrons et des salariés. Si la chose ne doit pas durer toujours, du moins est-il certain qu'elle durera longtemps encore, et qu'à titre définitif ou provisoire, le patronage doit être conservé et appliqué.

Qu'est-ce que ce patronage exactement? Il est plus facile de dire ce qu'il n'est pas que de dire ce qu'il est Il n'est plus, bien entendu, cette supériorité féodale et nobiliaire qui parquait les hommes dans une classe infranchissable. Il exclut l'idée de force et de vassalité. Esclavage, servage, colonat, vasselage, tels sont, avec le salariat et la domesticité de nos jours, les noms des rapports qui ont existé entre supérieurs et inférieurs. On ne comprendrait guère qu'on pût, universellement du moins, aller plus loin que notre époque quant à l'affranchissement du travailleur. Manifestement, en effet, il faudra toujours distinguer ceux qui possèdent de ceux qui ne possèdent pas. Une égalité absolue est un rêve creux, une chimère. Dût-on partager les terres et les valeurs, tous les cinquante ans, comme les Hébreux, l'égalité de la veille serait l'inégalité du lendemain. C'est précisément pour maintenir l'équilibre entre la richesse et la pauvreté qu'on a recours à la combinaison du salariat, combinaison naturelle sans doute, mais ingénieuse en même temps, et à laquelle on s'obstine par trop à ne pas rendre une justice méritée. Le riche a besoin du pauvre, le pauvre surtout a besoin du riche. C'est le salaire qui, entre eux, est un trait d'union naturel et légal, c'est lui qui régularise les rapports ; au lieu de le détruire, il convient, au contraire, de le conserver, en lui donnant des proportions équitables et une juste pondération. Le salaire rapproche. L'association quand même diviserait au lieu d'unir ; elle soufflerait le feu des ambitions, elle alimenterait des désirs coupables, elle exciterait les convoitises, et, en conseillant la violence, elle mettrait indubitablement la force à la place de l'ordre. La liberté et la paix ne pourraient que subir un douloureux ajournement.

Mais il est essentiel d'ajouter que le rapport entre patrons et ouvriers ne doit pas, pour être fructueux, se

borner au payement ou à la réception d'un salaire. Il ne
s'agit pas ici d'un don d'argent moyennant salaire, pas
plus que d'une obéissance mécanique. Ce qu'il faut pa-
rallèlement à la rétribution qui est une dette, c'est la
création d'un lien moral, qui, lui aussi, est un devoir.
Comment les rapports entre les classes se cimente-
raient-ils s'ils ne s'établissaient que par la caisse du
maître, qui s'ouvrirait un moment le samedi pour se
refermer aussitôt ? Un observateur éclairé ne peut nier
qu'il n'y ait un fossé plus ou moins profond entre la
bourgeoisie et la classe ouvrière. Ce fossé ne saurait se
combler entièrement. Entre les couches sociales comme
entre les couches géologiques de la terre, il y aura toujours une ligne de démarcation. Du moins, au lieu de
creuser l'abîme en opposant systématiquement les intérêts, doit-on chercher à créer un pont qui permette au
travail et à l'honnêteté de franchir cette ligne de séparation. En rejetant en arrière les mesquineries d'une
jalousie bourgeoise, en fermant obstinément l'oreille
aux prétentions excessives des ouvriers trop arrogants,
on ne saurait se lasser de dire aux propriétaires qu'ils
ont des devoirs en même temps que des droits, et
de répéter cette maxime au peuple, à lui surtout qui
n'est que trop porté à transposer ses obligations au chapitre de ses prérogatives. Que le patron soit donc le
protecteur du pauvre et de sa famille, qu'il ne l'aban-
donne pas au sortir de l'usine, qu'il s'inquiète de sa
santé, de sa femme, de ses enfants ; qu'avec une indispensable fermeté, il lui tende cependant une main gé-

néreuse ; qu'il l'aide à monter d'un degré dans l'échelle sociale, en devenant économe et vertueux ; qu'il l'attire par là à la surface du bien-être ; qu'il le moralise surtout, qu'il s'evertue de lui procurer une instruction saine, que dans les joies comme dans les douleurs inévitables de la vie, il ne manque pas de lui donner l'exemple édifiant d'une croyance religieuse et d'une vie irréprochable.

Par contre, l'ouvrier verra dans le patron, non plus un tyran, mais un maître bienfaisant ; il lui rendra désormais une soumission volontaire, sans croire sa dignité compromise et sa liberté ébréchée. Aussi éloigné de l'abaissement d'un homme-lige que de l'orgueil insensé d'un homme qui a pourtant besoin d'autrui, il profitera des conseils dont il reconnaîtra lui-même la valeur, et il répondra au désintéressement de ses maîtres par un consciencieux attachement.

Et lui aussi, cet ouvrier, quand peu à peu, par l'insensible alluvion de l'aisance, il aura procuré le bien-être relatif à sa famille, quand de petit ouvrier il sera, à son tour, devenu petit patron, il n'aura plus, en partie du moins, la morgue oublieuse du nouvel enrichi ; il n'aura plus la stupide et proverbiale arrogance du parvenu. Cet anneau de salut qu'on lui a tendu, il le tendra à d'autres. La chaîne des influences légitimes et des conseils salutaires se perpétuera, sans se rompre, à traves les générations successives. Sans doute les protectorats, dans l'ordre politique, sont dangereux : créés par l'intérêt, maintenus trop souvent par une hypocrisie diplomatique, ils cachent l'oppression et tombent sous les coups d'une haine justifiée. Rien de cela n'est à craindre dans les milieux sociaux. A travers le labyrinthe des professions qui s'entre-croisent et des concurrences qui se heurtent, le patronage, ennemi intime de la contrainte, est un fil conducteur et sauveur. Il doit être, mais en tout cas il est. Si on ne l'a pas légitime, on l'aura désastreux. Le choix s'impose entre l'influence des hommes intelligents, dévoués, charitables et chrétiens et l'influence d'hommes non moins intelligents, dévoués aussi, mais presque toujours esclaves de leurs ambitions, flatteurs exagérés des intérêts populaires, et apôtres d'un dangereux socialisme. En un mot le dilemme est dans ces termes : Le patron ou le meneur. Cette question ne s'est jamais posée plus nettement qu'au XIXᵉ siècle. Suivant qu'on prend parti pour l'une ou pour l'autre solution, on travaille pour l'ordre, qui n'exclut pas le libéralisme, ou pour une révolution ultra-égalitaire, qui nous jetterait dans l'inconnu et dans le trouble. On crée des éléments de paix ou des brandons de discorde. D'un côté l'union des classes qui se mélangent sous le niveau d'une saine philanthropie ; de l'autre, l'anarchie des intérêts avec l'hostilité des mécontentements. Ce chemin-ci conduit au bas-empire, à ses divisions et à son inévitable décadence; celui-là est la voie d'une société prospère et d'une monarchie solidement assise. Lutte entre le bien et le mal qu'on est aveugle de ne pas voir et coupable de favoriser.

: Il suffit d'écouter les penseurs de notre époque pour que cette conclusion arrive à nos oreilles, comme un écho répété de toutes parts. A l'encontre de certaines opinions, qui courtisent bassement le sens populaire plus qu'elles ne le servent, leur unanimité pèse d'un grand poids. Reportez-vous à l'enquête si minutieuse et si actuelle, quoique ancienne, de M. Villermé, dans son *Tableau de l'état physique et moral des ouvriers*, il vous dira que dans l'industrie, le maître et l'ouvrier sont étrangers l'un à l'autre ; que, si une communauté de vie est impossible, du moins il ne faut pas que l'influence du maître cesse brusquement à la sortie des ateliers. Le chef d'industrie, pour exercer un ascendant légitime, n'a besoin de l'aide de personne ; la bienveillance et la justice suffisent. Qu'il essaye, et il se convaincra par lui-même qu'un pareil patronage est au moins aussi profitable que l'égoïsme. C'est par l'influence des patrons que se réalisera ce vœu de M. de Tocqueville : « la création d'associations qui, chez les « peuples démocratiques, tiennent lieu des particuliers « puissants que l'égalité des conditions a fait dispa- « raître. »

Voulez-vous ouvrir le livre si éloquent et si persuasif de M. Jules Simon, l'*Ouvrière ;* il cherche quel est le remède du paupérisme, et tout pénétré de l'importance de l'esprit de famille, il répond : « Le plus sûr « moyen de triompher du paupérisme est d'habituer « les ouvriers à la vie de famille. » C'est en régularisant les unions, c'est en maintenant autant que possible la femme au logis, c'est en instruisant les enfants, qu'on sauvera la classe ouvrière. Mais, je le demande, comment l'homme et la femme qui se sont épuisés pendant toute une journée de travail, suffiront-ils, par leurs seuls efforts, à faire face aux besoins matériels et moraux de cette famille? Comment le feront-ils. surtout, quand ils travaillent dans une manufacture? Et n'est-il pas vrai d'ajouter, comme M. Jules Simon: « la manu- « facture sous la main d'un patron honnête homme est « bienfaisante pour les corps; c'est pour les âmes « qu'elle est un danger. » Or, qui combattra ce danger sinon le patronage?

Lisez encore la laborieuse et concluante enquête de de M. Louis Reybaud sur la condition des ouvriers qui travaillent la soie et le coton; il vous dira, lui aussi, que pour la condition matérielle la manufacture est supérieure au régime qu'elle a remplacé, mais, qu'au point de vue moral elle a dispersé la famille. Il ajoutera, avec raison, que « la vie rurale a des préservatifs, mais que « la vie des ateliers n'a que des piéges. » Que ce ne soit pas un motif pour se désespérer, soit; mais du moins est-il bon de craindre et de veiller. Prudence est mère de sûreté. Sans se roidir contre une transformation irrésistible, sans manifester des regrets stériles qui envenimeraient la querelle entre le travail rural et le travail des manufactures, c'est pourtant une obligation de chercher à répondre à des besoins nouveaux et de faire un appel ardent à la sollicitude du patron.

Puisque nous demandons leur témoignage aux grands

publicistes contemporains, nous ne pouvons omettre l'autorité de M. Leplay et de son œuvre sur la *Réforme sociale en France, au* XIXe *siècle.* Une des conclusions principales de son livre qu'il a basée sur des observations sans nombre, c'est encore que le remède au paupérisme consiste dans les rapports du patron et des ouvriers, et que toute autre solution est rétrograde. Voilà ce qu'on apprend par le travail de la déduction et de l'analyse toutes les fois qu'on ne se laisse pas emporter par une synthèse de cabinet ou par une vague sentimentalité.

Citons enfin, en terminant, ces lignes d'un ouvrage récent, émané d'un homme qui a spécialement étudié ces questions, M. Eugène Véron : « Pour la grande « multitude des ouvriers, dit-il, un patronage intelli- « gent et discret est encore nécessaire. S'il est un fait « évident pour quiconque connaît les ouvriers de ma- « nufactures, c'est que la plupart sont complétement « hors d'état de se passer d'aide. En dépit des utopistes « et des déclamateurs ultra-démocratiques qui, regar- « dant toutes choses du haut de je ne sais quels prin- « cipes de métaphysique sociale et d'illuminisme égali- « taire, s'entêtent à voir dans le concours des patrons « une conspiration contre la dignité des ouvriers, il est « malheureusement trop certain que, sans ce concours, « le progrès restera longtemps encore une chimère « dans la plupart des centres industriels de la France. « Souhaitons donc que les fabricants de Mulhouse « trouvent de nombreux imitateurs. Appelons de nos

« vœux le jour où les chefs d'industrie, enfin désabusés
« de la croyance à l'éternité fatale de la misère, se dé-
« cideront à mettre au service des intérêts populaires
« leur dévoûment et leur expérience. Loin de voir en
« eux les ennemis de leur indépendance et de leur ini-
« tiative, leurs ouvriers s'empresseront de saluer en
« eux des bienfaiteurs, et la France entière s'unira
« pour applaudir à leurs efforts. »

Voilà donc bien reconnue l'utilité du patronage. Dans
un siècle dont on exagère souvent le matérialisme, mais
où, à coup sûr, l'individualisme et les progrès matériels jouent un rôle énorme, ce qu'il est le plus utile de
développer, c'est l'action du citoyen sur son semblable,
c'est le contact des individualités ; c'est le groupement
des classes inférieures autour des classes supérieures,
par la consolidation des rapports forcés et même con-
ventionnels.

Il est opportun maintenant de préciser le but et les
tendances de ce patronage nécessaire.

Le patronage se rapporte à trois buts : charité, éducation, influence. La charité est un combat contre la
misère non-seulement matérielle, mais encore morale.
La misère physique est le résultat presque inévitable
d'une organisation sociale fondée sur le droit de propriété, mais, comme fléau social, la misère morale est,
en général, plus à redouter. C'est ainsi qu'on a pu dire
que toutes les fois que la misère morale était sérieusement combattue, il pouvait rester des maux individuels profonds, mais que le mal social n'existait plus.

L'éducation est l'arme la plus puissante d'un patronage intelligent. Nous parlons non-seulement de l'instruction, mais surtout de l'éducation, qui présente, dans notre société, d'incontestables lacunes. Combien cette éducation ne serait-elle pas plus féconde et plus salutaire si elle se manifestait par certaine surveillance de la part du patron, par des fêtes de famille auxquelles il présiderait, par des amusements honnêtes, par des réunions périodiques qui, chez les gens pauvres, manquent aux désirs du jeune âge, et soustrairaient les hommes plus âgés à l'empire de distractions coupables! Pourquoi aussi le patron ne mêlerait-il pas l'instruction au plaisir, en dirigeant par lui-même ou par un préposé de confiance, les progrès intellectuels des jeunes intelligences?

Charité et éducation, tels sont les deux termes qui auront pour résultante une louable influence du riche sur le pauvre.

Constitué sur ces bases, le patronage, pour que son mode d'action soit efficace, doit d'ailleurs réunir certaines conditions; il faut qu'il soit local, personnel et continu.

Quel bien pourrait-il produire, s'il ne s'attaquait pas à la misère sur les lieux mêmes où elle végète. Cette naissance et ce développement local ne sont nullement incompatibles avec l'organisation centrale nécessaire à la propagation d'une œuvre; mais il est essentiel que la vie ne manque jamais aux extrémités, pour affluer au centre. Local, le patronage doit être en même temps personnel, accompli sans l'intervention banale d'un intermédiaire. *Non multa sed multum.* C'est moins à la bourse, souvent généreuse, qu'à la personne même, souvent trop rare, qu'il faut faire appel. La continuité, enfin, assure la permanence d'un résultat ; sans elle on n'aurait que des conséquences éphémères propres seulement à prouver ce qu'on eût pu faire avec une action plus prolongée (1).

Nous avons dit combien le patronage était indispensable dans l'industrie manufacturière ; aussi sont-ce les chefs d'industrie qu'il serait particulièrement utile de gagner à sa cause. Mais l'œuvre pourrait s'appliquer partout. Un patronage de la propriété foncière, par exemple, ne serait-il pas éminemment désirable? Il est constaté qu'il n'y a pas chez nous assez d'exploitations agricoles personnelles. Le propriétaire est toujours le propriétaire ; chez lui l'homme ne se découvre jamais. Eût-il un beau manoir, il le fréquentera peu ; il sera toujours pressé de rentrer dans les opulences de la capitale. Dans ces termes, quelles relations peut-il y avoir entre lui et les serviteurs de la ferme qui l'exploitent dans l'isolement ; entre lui et les indigents de la commune qui auraient tant besoin de son concours et qui n'apprennent, pour ainsi dire, son arrivée dans la commune qu'en même temps que son retour à Paris; entre lui et les petits propriétaires voisins qui, s'ils se groupaient, trouve-

---

(1) Voir l'excellent ouvrage de M. Cherbuliez, *Sur les causes de la misère et les moyens d'y porter remède.*

raient bien aisément le noyau d'un patronage efficace et puissant!

Combien les choses ne sont-elles pas pires en ce qui touche les propriétés urbaines! Un propriétaire, celui-là même qui lo ge les ouvriers qu'il emploie, voit-il jamais ses locataires une fois dans l'année? Entre-t-il jamais en rapport avec eux autrement que par l'entremise d'un gérant ou principal commis qui, agissant par métier, n'aura point d'indulgence pour la misère et de cœur pour le malheur?

Ces inconvénients dans l'organisation de la propriété rurale et urbaine ont frappé bien des publicistes. Quelques-uns même ont demandé des réformes légales, qu'ils ne précisent p as toujours suffisamment. Mais quelles qu'elles soient, pour peu qu'on réfléchisse, on ne tarde pas à se convaincre que le remède n'est pas là, et que la permanence du propriétaire sur le sol de sa propriété est uniquement une question d'usage, d'habitudes et de mœurs, que la contrainte ne parviendrait pas à résoudre.

Tout le monde n'étant pas propriétaire foncier ou manufacturier, il reste, bien entendu, un rôle pour l'action des notabilités sociales. C'est plus particulièrement à elles, peut-être, qu'il incombe de lancer les diverses idées de patronage et de diriger la mise en pratique des institutions philanthropiques. Pour réussir, elles auront soin d'éviter tout étalage pompeux, tout ce qui ressemblerait à une mise en scène. C'est à d'autres soucis, c'est à d'autres préoccupations qu'il faut aban-

donner le bénéfice de la réclame, que les calculs de
notre temps ont si bien perfectionnée. Poussés par des
mobiles différents, les hommes de bonne volonté se
classeront dans le silence : ils agiront au lieu de rédiger
des prospectus inexécutés et de fabriquer des théories
impraticables. Ils se fusionneront en·paix, quelle que
soit la divergence de leurs opinions politiques et religieuses, n'ayant pour tout drapeau que l'amour du
bien et sûrs ainsi de trouver l'écho de leurs propres
convictions dans les convictions d'autrui.

Si le patronage peut engendrer de pareils résultats,
qui pourrait désormais continuer à le voir avec défiance ?

Quant à nous, Messieurs (1), qui avons reçu les bienfaits de l'instruction et, ce qui vaut infiniment mieux,
ceux de l'éducation, nous qui, avec ce don incompa-
rable, jouissons, en général, de certains éléments d'indépendance et de fortune, que de fois ne nous arrive-t-il
pas d'être désœuvrés ? Cherchons à combler ces vides
par le cœur plutôt que par l'esprit. L'action convient
surtout à la jeunesse. .La passion du bien doit être son
privilége. Laissons donc l'oisiveté à la vieillesse, qui se
repose après une vie laborieuse, et le doute incertain au
sceptique qui ne fait pas un pas sans se contredire.
Quelles que soient les fonctions que nous occupions,
administratives ou judiciaires, que nous appartenions à
la magistrature ou au barreau, nous aurons tous, si
nous le voulons, par notre plume et notre parole, une

---

(1) Ce travail a été lu, en partie, à la *Conférence des Attachés.*

influence qui, pour être moins notoire et plus modeste, n'en sera peut-être ni moins vive ni moins féconde. Que nos efforts soient donc acquis à la cause du patronage, à la propagation d'une idée qui est de tous les régimes et de tous les temps, qui ne nous exposera ni à de honteuses complaisances ni à de scandaleux revirements d'opinions, puisqu'il sera toujours honorable et bon de compatir à la souffrance et de travailler à l'amélioration du sort d'un semblable qui, comme nous, a été fait à l'image de Dieu. Nous serons peut-être appelés par devoir à réprimer chez les classes ouvrières des prétentions injustes, et à condamner chez elles de fâcheuses violences ou de regrettables habitudes de dépravation : nous le ferons avec fermeté ; mais cette fermeté, pas plus que l'habitude, ne fermera notre cœur à une pitié méritée. Si dans les hasards de notre carrière, au milieu de ces fluctuations que la valeur de l'homme ne suffit pas toujours à expliquer, si nous ne réussissons pas, nous trouverons du moins dans les travaux charitables, en même temps que la satisfaction d'un devoir, une source toujours nouvelle d'occupation et de bonheur. Nous la trouverons d'autant mieux qu'une étude approfondie aura mûri davantage notre conviction, et que nous la mettrons en pratique sans ostentation, sans vanité, toujours prêts à réprimer notre orgueil naissant par la pensée que les personnes à qui nous pourrons faire du bien vaudraient peut-être mieux que nous si, comme à nous, la Providence leur avait prodigué ses dons.

CHAPITRE III.

DU MUTUALISME.

Rôle, avantages et inconvénients des anciennes corporations. — Institutions ouvrières du XIXᵉ siècle. — Le compagnonnage. A quelles
conditions il pourrait rendre des services. — Origine des sociétés
de secours mutuels. — Sympathie des pouvoirs publics. — Extensions dont le mutualisme est susceptible.— Il repose avant tout sur
un contrat civil. — Faut-il admettre les femmes dans les sociétés
mutuelles. — Agrégation des enfants. — Les sociétés mutuelles devraient prendre des immeubles à bail pour loger partie de leurs
membres. — Comment il leur serait possible de procurer du travail aux membres titulaires qui en manquent. — Secours médi-
caux et pharmaceutiques. — Caisse de retraites pour la vieillesse.
— Diminution des intermédiaires dans le commerce. — Soins hy-
giéniques et domestiques. — Perfectionnements moraux : éducation des enfants ; bibliothèques pour les adultes appropriées à leur
intelligence ; prêts d'honneur. — Des sociétés de secours mutuels
dans les campagnes ; des moyens de les y propager.

La seconde face de la question du paupérisme est
renfermée dans le mutualisme (1). L'association mutuelle et le patronage sont les deux pôles du sujet. La

(1) Nous ne saurions trop citer ici, une fois pour toutes, les ouvrages de MM. Émile Laurent, sur le *Paupérisme et les Associations
de prévoyance*, Rougier, avocat à Lyon, sur *les Associations ouvrières*, ouvrages couronnés par l'Académie des sciences morales et
l'Académie de Lyon, et le livre de M. Victor Modeste, sur le *Paupérisme*.

mutualité est un mouvement moderne ; mais l'association, sous ses formes multiples, est chose ancienne. Sans remonter trop haut dans le passé, il est curieux, pour apprécier les progrès actuels, d'étudier les grandes lignes de ce mouvement historique.

Au moyen âge, les corporations, dont on dit tant de mal de nos jours, qui sont d'ailleurs bien mortes et qui ne ressusciteront pas, ont été éminemment utiles. Ce qu'elles signifiaient, en effet, c'était l'association contre la force brutale et matérielle. Ce sont elles qui émancipèrent l'industrie, et qui, en permettant peu à peu aux classes moyennes d'arriver au gouvernement municipal, les conduisirent, comme par la main, à la jouissance d'une liberté tardive. Avec l'association, les corporations signifiaient encore la propagation de l'esprit de corps, dont les effets étaient une surveillance mutuelle et une loyauté réciproque cimentées par l'unité de croyance religieuse.

Ces effets heureux, — association et esprit de corps, — furent bientôt effacés par les vices des corporations ; et leur chute doit servir, pour l'avenir, d'expérience aux associations nouvelles.

Au lieu de rester uniquement protectrices, elles devinrent exclusives ; de tyrannisées qu'elles étaient, elles se firent tyranniques à leur tour ; elles se perdirent dans des intolérances systématiques, et ce même esprit de corps, qui assura leurs progrès, par ses mesquineries sans nombre précipita leur ruine.

Elles avaient d'ailleurs absorbé toutes les forces vives

de l'industrie, et 1791 les anéantit, comme la plupart des monopoles du passé.

De nos jours, où l'économie politique et le Gouvernement se sont faits les défenseurs et les praticiens du libre échange, où les rapports sociaux et internationaux se multiplient sous tant de formes, ces dangers sont moins à craindre. Mais, en revanche, l'individualisme a pris, dans les classes ouvrières, la place de la corporation. Le travailleur va-t-il donc se trouver isolé, réduit à la fragilité de ses forces privées, en face de la concurrence qui s'active à toute heure, du chômage qui paralyse ses bras, de la maladie qui le cloue sur un lit de souffrance, et de la vieillesse qui l'attend? Ce n'est donc pas une question oiseuse que de demander au XIXe siècle les institutions qu'il possède pour conjurer un pareil danger.

Il en est une fort ancienne, qui, paraît-il, est surtout politique, qui, en tout cas, s'obstine à demeurer mystérieuse : la franc-maçonnerie. Sans vouloir parler d'une chose qu'on connaît si peu, sans adopter les préjugés qu'elle a eu le talent d'exciter et d'entretenir, on lui reprochera toujours avec raison de ne pas dire ce qu'elle est, et ces ténèbres dont elle s'enveloppe, sont un motif de plus pour croire qu'elle ne contribuera pas dans une large mesure à la diminution du paupérisme.

Il est un autre mot qui, lui aussi, a ses racines dans le passé, et qui, dans le présent, a conservé quelques applications ; c'est le compagnonnage. L'ouvrier fait son our de France pour s'instruire et se développer. Il descend chez *la mère*, c'est-à-dire chez l'hôtesse. L'hôte est *son père*, les membres de la société sont ses *pays*. Un *premier compagnon* le reçoit. Un *rouleur* est chargé de l'embaucher et de lever l'acquit, c'est-à-dire de tenir la main au règlement de compte entre le maître et l'ouvrier. Quand il part, on le recommande au *devoir* qui se trouve sur sa route. Il y a encore en France quinze villes de *devoir*. La caisse est formée par des cotisations mensuelles de 1 fr. à 1 fr. 50 c. On s'affilie, on monte de grade. On est compagnon reçu, compagnon fini, premier compagnon. Il y a des insignes, rose, vert, violet, lilas. On revêt jusqu'à l'écharpe.

Avouons que sur ces bases générales, un compagnonnage sérieusement organisé rendrait encore de grands services. Sans lui, l'ouvrier ambulant ne peut que fréquenter des garnis suspects ; et quelle autre meilleure institution y aurait-il pour fournir du travail à l'ouvrier qui en demande, et équilibrer l'offre et la demande ? Ce besoin est tel pour les classes nécessiteuses, que Mulhouse a créé une auberge des pauvres, où le voyageur indigent est, pour une nuit, gratuitement hébergé.

Quoique imparfait, le compagnonnage pourrait être conservé. Mais il ne réussirait qu'à certaines conditions. Il faudrait, d'abord, un esprit de soumission chez l'apprenti que notre siècle ne semble pas s'appliquer à développer avec excès. Puis, l'organisation ne serait féconde qu'en réunissant toutes les professions ouvrières sans la compromettre par de ridicules susceptibilités ou de désolantes rivalités de corps. Il serait bon enfin, qu'une pareille association ne prît aucune couleur politique et n'exclût pas, comme elle l'a fait quelquefois, le sentiment religieux, sous prétexte de n'admettre que des esprits forts, dont le caractère n'est pas toujours synonyme d'union et de fraternité.

On le voit, les qualités qui siéraient si bien au compagnonnage — soumission, absence de rivalité, exclusion de la politique, intervention du sentiment moral et religieux — ne sont pas les qualités prédominantes du temps. D'ailleurs, il est vrai de dire que le compagnonnage ne suffit pas, puisqu'il ne fait rien pour l'ouvrier sédentaire. Aussi, de même que le compagnonnage avait succédé aux corporations, de même l'assistance mutuelle a-t-elle remplacé le compagnonnage. Le mutualisme est une pensée qui appartient en propre au XIXᵉ siècle et surtout aux vingt dernières années. Quoique antérieure à 1848, cette idée s'affirma nettement alors : « Les ouvriers, disait-on, doivent s'associer entre eux pour jouir du bénéfice légitime de leur travail. » « La concurrence, c'est le mal, ajoutait-on, l'association, c'est le remède. » Ce programme si alléchant et cette liberté illimitée furent, depuis, accomplis en partie et réglementés. Il n'est pas d'idée qui ait obtenu des sympathies plus générales. Elle a eu l'assentiment de la politique et de la religion, le concours des patrons comme membres honoraires, et des ouvriers comme membres titulaires. En un mot, sous l'impulsion active du Gouvernement, elle a réuni toutes les forces vives de la société. En 1850, le Président de la République écrivait, à Lyon, sur le registre de la Société mutuelle : « Plus de pauvreté pour les malades et pour « celui que l'âge a condamné au repos. » « Les sociétés « de secours mutuels, tel que je les comprends, di- « sait-il encore, ont le précieux avantage de réunir les dif- « férentes classes de la société ; de faire cesser les jalou- « sies qui peuvent exister entre elles, de neutraliser en « grande partie le résultat de la misère, en faisant con- « courir le riche, volontairement, par le superflu de sa « fortune, et le travailleur, par le produit de ses écono- « mies, à une institution où l'ouvrier laborieux trouve « toujours conseil et appui.

« On donne ainsi aux différentes communautés un but « d'émulation, on concilie les classes et on moralise les « individus..... A mes yeux, ces institutions une fois « établies partout seraient le meilleur moyen, non de « résoudre des problèmes insolubles, mais de secourir « les véritables souffrances, en stimulant également et « la probité dans le travail, et la charité dans l'opu- « lence. » Plus tard, à Metz, il ajoutait : « Vous savez « avec quelle ardeur j'ai poursuivi partout l'établisse- « ment des sociétés de secours mutuels. En soulageant « toutes les misères, en sympathisant à toutes les souf- « frances, les sociétés de secours mutuels chasseront « l'envie du cœur de ceux que la pauvreté ou la maladie « afflige ; elles donneront à ceux qui vivent dans l'ai-

« sance le moyen de faire le bien avec dévoûment. »

Conformément à ce programme élevé, le ministre de l'intérieur écrivait en 1852, pour consacrer l'union du sentiment politique et religieux : « Le concours du curé « sera d'un grand secours pour arriver à un bon ré- « sultat. Sa parole est puissante pour réunir, pour con- « cilier, pour inspirer aux uns *l'obligation de l'éco- « nomie*, aux autres *le devoir du sacrifice*. Déjà grand « nombre de sociétés de secours mutuels se sont for- « mées à l'ombre de la paroisse et deviennent ainsi « des écoles de prévoyance et de moralité. Placer l'as- « sociation sous la protection de la religion, c'est em- « prunter ce qu'il y a de bon, d'élevé, de généreux « dans ces vieilles corporations qui marchaient sous la « bannière et portaient le nom d'un saint. »

Quelques années après, en 1858, un autre ministre de l'intérieur disait, devant deux mille délégués de toutes les sociétés de Paris présents à une distribution de récompenses : « La société mutuelle est une société « démocratique et chrétienne, deux mots qui se com- « plètent et ne devraient jamais aller l'un sans l'autre. » Sous cette variante de langage, on s'appliquait à unir désormais, non plus précisément la politique et la reli- gion, mais le christianisme et la démocratie.

Quoique favorisées par de si hauts appuis, on aurait peine à se figurer ce que ces sociétés ont rencontré de préjugés et de résistances enracinés. Si prospère qu'ait été le développement de cette institution, il reste encore quantité de réformes et de perfectionnements à intro-

duire. Cette possibilité d'extension a frappé tous les esprits. Elle a attiré, entre autres, l'attention de la société
académique de Saint-Quentin, qui cherche avec persévérance les améliorations de la classe ouvrière et a
choisi pour sujet du concours de 1866 : *Le mutualisme
et ses extensions possibles.*

C'est bien dans cette voie, en effet, qu'il faut entrer.
Le gland deviendra chêne. Car suivant la parole d'un
homme, autorisé entre tous dans cette question, M. le
vicomte de Melun : « Nous sommes dans l'enfance de
« la mutualité ; nous bégayons nos premiers mots ; nous
« ne hasardons que nos premiers pas, il y aurait témé-
« rité à imposer d'avance des limites aux tentatives de
« l'avenir. » Tant il est vrai de dire, comme le grand
Pascal, au point de vue moral comme au point de vue
matériel que « l'humanité est un homme qui vit tou-
« jours et qui apprend sans cesse. »

Sans nous préoccuper du côté législatif ni du côté
financier, qui jouent, cependant, dans cet ordre de
questions, un rôle énorme, recherchons donc ce qu'il
serait possible d'ajouter à ce qui est, pénétrés à l'avance
de cette idée « qu'une société de secours mutuels bien
« organisée doit, en progressant, ne laisser aucun be-
« soin sans chercher à le satisfaire. »

Il demeure entendu que la société de secours mutuels
doit rester, avant tout, un contrat civil plutôt qu'une
œuvre charitable proprement dite. « En formant contre
« les accidents de la vie une assurance mutuelle, chacun
« des associés entend et doit entendre que la part qu'il

« apporte à la bourse commune ne soit pas détournée
« de sa destination..... Ce n'est pas pour favoriser la
« mollesse ni pour offrir un remède aux maux auxquels
« conduisent fatalement le vice et la débauche, qu'on
« s'impose des sacrifices (1). » Du caractère civil et en
quelque sorte légal de l'institution, il en résulte immédiatement qu'on peut exiger comme un droit, des
membres admis, certaines conditions de moralité et de
santé. Il en résultera encore que la classe ouvrière se
sauvera pour ainsi dire personnellement. N'oublions
pas, en effet, « qu'une des plus puissantes causes de
« sa démoralisation serait la persuasion où elle serait
« de ne pas se suffire à elle-même par son propre tra-
« vail. »

Depuis longtemps des difficultés se sont élevées sur
la composition même du personnel de la société. On a
beaucoup controversé le point de savoir si, avec les
hommes, il fallait, dans une société, admettre les
femmes, les femmes valides bien entendu. En fait, la
plupart des sociétés les rejettent. Nous croyons cependant que leur non-admission choque la véritable communauté qui doit exister entre époux. Un pareil refus
peut, d'abord, contribuer à éloigner le mari de la société de secours mutuels. Puis, n'est-il pas vrai de dire
qu'en soignant et secourant la mère de famille, on soigne
et on secourt la famille tout entière? Il ne saurait y avoir

(1) Discours de M. Delangle, président de la Société municipale du
premier arrondissement de Paris.

d'antagonisme, à moins de fausser l'esprit de l'œuvre, entre les intérêts bien compris de la famille et de la mutualité. Sans doute, on peut former des sociétés exclusivement composées de femmes. Sous le patronage des dames de la ville, elles ont réussi et continueraient de réussir en maints endroits. Quand l'égale admission des sexes serait impossible pour des raisons sérieuses, notamment pour insuffisance de ressources financières, ce serait bien le moyen « de garantir la femme des pé-« rils dont les institutions et les mœurs de la démo-« cratie l'environnent (1). » Mais, toutes les fois qu'on le pourra, il conviendra d'admettre les femmes en même temps que les hommes, au moins à titre de membres demi-participants, c'est-à-dire tels qu'ils bénéficient du médecin et du pharmacien de la société. De cette manière, elles se rattacheront par un lien, si faible qu'il soit, à la société, dont elles contribueront d'ailleurs à alimenter la caisse, par une cotisation personnelle plus ou moins faible, mais absolument obligatoire.

Avec les femmes, l'agrégation des enfants est le complément indispensable de la mutualité. Quoique la plupart des sociétés les refusent encore, il y a là, cependant, un tout que l'on ne peut pas scinder. N'est-ce pas d'ailleurs l'enfant qu'il importe le plus de soigner. Ce n'est que trop souvent à cet âge qu'on contracte des germes de faiblesse et de maladie qui se développent

(1) M. de Tocqueville.

plus tard et se transmettent à la génération future. On calcule mal, lorsqu'on oublie qu'en travaillant pour le présent on allége l'avenir. La médecine, d'accord avec le bon sens, déclare qu'à vingt-cinq ans il est trop tard pour s'occuper efficacement de l'état sanitaire des individus.

Le personnel de la société ainsi agrandi ou plutôt complété par l'introduction des femmes et des enfants, quelles sont maintenant les expansions de la mutualité? Les unes ont trait à l'ordre matériel, et les autres à l'ordre moral. Mais il ne faudrait pas trop s'exagérer l'importance de cette distinction. Chacune rejaillit inévitablement sur l'autre. *Mens sana in corpore sano.* Combien de fois le vice n'est-il pas, de son côté, la cause directe et permanente de la misère? Ainsi mis en garde contre ce que cette distinction pourrait avoir de trop absolu, nous ne la suivrons que pour la facilité du sujet.

Dans l'ordre matériel, un des premiers besoins de l'homme c'est le logement. Le payement du loyer est l'obligation la plus pénible du pauvre. L'état du logement influe le plus sur la santé directement, sur la moralité et le bonheur domestique ensuite, d'une manière indirecte, il est vrai, mais incontestable. Nous pouvons nous fier à cette parole de M. Blanqui : « L'insalubrité « des habitations est le point de départ de toutes les mi- « sères, de tous les vices, de toutes les calamités de l'état « social des ouvriers. » Hygiène physique et morale, voilà deux buts qui valent la peine d'être obtenus. A leur défaut, il faudrait n'avoir jamais visité les huttes sales et misérables où des populations entières s'entassent, pour ne pas sentir que c'est un devoir d'humanité de supprimer à jamais ces quartiers de détresse, où, suivant l'expression de M. Villermé, le jour se lève une heure plus tard et finit une heure plus tôt. Nous n'étudions pas ici toutes les réformes dont les logements sont susceptibles, ce que pourraient faire les patrons et même les spéculateurs; nous n'envisageons la question que par rapport aux sociétés de secours mutuels. Pourquoi, quand les ressources et les convenances le permettraient, les sociétés mutuelles ne prendraient-elles pas des immeubles à bail? L'article 8 du décret du 26 mars 1852 ouvre à leur activité cet horizon dont elles ne profitent pas. M. Audiganne, un ami chaleureux de la classe ouvrière, a insisté sur cette faculté, qui, si elle n'est pas toujours applicable, interviendrait fructueusement à certaines heures. Les avantages de cet état de choses insolite seraient nombreux. Le capitaliste, propriétaire des bâtiments, aurait d'abord la société pour débitrice ; il ne craindrait plus, de la part des locataires, cette insolvabilité qui est à la fois un péril pour lui et une gêne énorme pour l'ouvrier malaisé. Qu'y aurait-il de plus facile, pour épargner aux membres de la société la dure obligation de payer à époques fixes et périodiques le montant intégral du terme, de le convertir, chaque semaine ou chaque quinzaine, en petites cotisations qui, insensiblement accumulées, formeraient le même total ? Ces sociétés qui, en général, feraient bien de ne pas opérer sur une échelle trop vaste et de se disséminer dans une certaine mesure, auraient soin de choisir des maisons dans différents quartiers, de manière à rapprocher le travailleur de son usine, et à grouper ensemble les membres d'une même profession. Inutile de dire que ces logements seraient toujours entièrement facultatifs de la part des locataires, et au cas probable où, par suite de la commodité et de la salubrité de l'habitation, la concurrence deviendrait à être vive pour en obtenir une, on suivrait pour l'accorder un ordre d'inscriptions. On prendrait en considération l'âge et la moralité des membres de la famille. Dans ce choix exercé avec discernement et impartialité, il y aurait encore un puissant stimulant pour le bien. On n'entrevoit pas les dangers d'une pareille entreprise, conduite avec prudence ; on aurait soin seulement d'avoir une comptabilité spéciale pour ces logements, de manière à se rendre un compte exact de ces opérations particulières, et on pourrait aller, en cas de succès, jusqu'à transformer le loyer en vente. Grâce à une légère augmentation de prix, le locataire deviendrait propriétaire, à la suite d'un nombre de payements successifs, ou même, considéré comme propriétaire dès le début du bail, il se libérerait par annuités.

Nous n'avions donc pas tort de dire que la question de l'habitation offrait un champ fécond à l'intervention du mutualisme.

Après le logement, la grande préoccupation de l'ouvrier

est de se procurer du travail et d'en éviter la cessation
qui s'appelle le chômage. Les sociétés de secours mutuels n'abritent pas le travailleur contre le chômage et
avec grand'raison. On n'en saurait douter après la lecture d'une circulaire de 1852 : « Admettre l'indemnité
« de chômage, dit-elle, ne serait pas seulement un prin-
« cipe de ruine et de démoralisation, puisqu'elle ten-
« drait à encourager la paresse et à donner une prime
« à l'insouciance; mais elle porterait en elle le germe de
« toutes les grèves et l'espérance de toutes les coalitions. »
On se tromperait étrangement, cependant, si on croyait
que les sociétés de secours mutuels ne doivent rien
faire pour faciliter et procurer le travail. Sans rien garantir, sans assumer sur leurs épaules des engagements
qu'elles ne tiendraient pas en cas de crise, elles peuvent et doivent, par tous les moyens indirects, chercher
à placer les travailleurs qui chôment. Le diplôme de
membre de la société doit être, pour chacun, comme
un livret et un passeport. Il est dans sa nature d'être
une *recommandation puissante aux préférences des
chefs d'ateliers*. Bien des patrons ont agi ainsi; quelques-uns cependant n'ont peut-être pas assez d'égard à
cette *recommandation*. Certaines sociétés ont encore
établi entre elles des bureaux de correspondance. Elles
se communiquent ainsi divers renseignements précieux: elles se constituent comme intermédiaires entre
ouvriers et chefs d'industrie; elles se font respectivement passer des tableaux indicatifs des noms et professions des sociétaires en quête d'ouvrage; elles les

signalent aux membres honoraires qui ont besoin de bras, ou même aux autres titulaires à l'industrie desquels il peut leur être profitable de recourir.

Mais l'utilité matérielle de la société mutuelle se fait surtout sentir dans les épreuves de la maladie. Secourir le malade, c'est là le but principal de l'institution. On dit assez, par là, que le médecin et le pharmacien y occupent une place prépondérante.

Le médecin est, entre tous, l'homme de confiance, d'autant plus qu'indépendamment de sa mission professionnelle, il tient véritablement, à cause des dépenses qu'il fera faire, la clef de la caisse qui appartient à tout le monde. On ne pourrait pas cependant, sans se jeter dans des complications gratuites, permettre à chaque sociétaire d'avoir son médecin, et il semble que tous les intérêts sont légitimement sauvegardés par le choix même de la société. Quelques médecins, paraît-il, se sont préoccupés du tort que la multiplication des sociétés de secours mutuels pouvait leur occasionner dans leur clientèle. L'Association médicale de Saint-Quentin, entre autres, leur a fait cette chevaleresque réponse : « L'admirable institution des secours « mutuels doit-elle fatalement porter atteinte aux in- « térêts de la profession médicale? S'il en était ainsi, « nous nous inclinerions devant la loi générale du pro- « grès qui veut que l'intérêt privé le plus respectable « s'efface devant l'exigence de l'intérêt public. » Mais il n'y a pas besoin d'aller jusqu'à cet excès de générosité. Le médecin sera rétribué dans la mesure que le permettra la prospérité de la société, et, en tous cas, son intervention, loin de restreindre l'activité de la profession, sera une double conquête de la médecine, d'abord sur l'ignorance et l'indifférence qui ne se soignent pas, et ensuite sur l'empirisme qui ne sait que recourir à un superstitieux charlatanisme.

La pharmacie est l'annexe naturelle de la médecine. Il est étonnant que pour seconder les sociétés de secours mutuels, il ne s'en soit pas formé davantage ; on ne saurait accomplir rien de plus utile. Personne ne s'avisera, j'imagine, de réclamer contre cette concurrence, au nom d'un intérêt trop infime et trop privé pour être respecté. Quand l'état d'une société permettrait d'établir une pharmacie, ce serait, d'ordinaire, à des sœurs de charité qu'il faudrait en confier la direction. On ne les adjoint pas assez, à titre d'auxiliaires, aux soins des médecins. Qui, cependant, les remplacerait avec avantage pour le zèle, la délicatesse et le dévoûment? Qui soignerait mieux les enfants, dirigerait mieux les jeunes filles, aurait une plus heureuse influence dans les ménages pauvres? Au cas où, dans les grandes villes, une seule société de secours mutuels ne serait pas assez riche pour fonder une pharmacie, pourquoi plusieurs sociétés n'établiraient-elles pas une pharmacie commune, qui, administrée avec l'ordre et l'expérience de ces saintes femmes, répandrait tant de bienfaits?

Après les maladies qui rongent l'humanité souffrante, la vieillesse et la mort sont là qui nous attendent au sortir de cette vie. C'est encore aux sociétés de secours mutuels qu'il appartient d'adoucir les derniers jours du pauvre et de soulager la détresse des survivants. Elles créent des caisses de retraite, dont les annuités sont d'autant plus fortes que les versements ont été plus élevés; elles assurent les secours indispensables aux veuves et aux enfants des titulaires décédés. Mais il nous convient moins d'insister sur ces formes de secours, parce qu'ils dépendent plus particulièrement de l'état de la caisse, à laquelle il serait insensé de demander plus qu'elle ne possède. Un équilibre jaloux entre les recettes et les dépenses pourra momentanément retarder le succès de l'association, mais une prudente prévoyance finira toujours par en assurer le succès.

A côté de ces œuvres capitales d'une société de secours mutuels, il en est d'autres qui sont moins importantes, mais utiles néanmoins. Si toutes ne sont pas réalisables, il y en aura toujours quelques-unes qui, sans efforts, à titre accessoire mais précieux, se mêleront au but principal de l'association. En règle générale, on les obtiendra par surcroît.

Par exemple, les intermédiaires du commerce, dans une certaine mesure, sont indispensables; comment nier cependant que, dans notre société actuelle, ils ne soient excessifs et que leur nombre ne soit une plaie pour certaines catégories d'individus? Cette remarque est d'autant plus opportune que les intermédiaires les plus multipliés sont précisément ceux dont le commerce s'adresse moins aux classes riches qu'aux classes nécessiteuses. Sans citer des exemples exceptionnels, où une marchandise vendue 800,000 fr. par le fabricant, comme certains boutons en porcelaine, coûte au public consommateur 10 à 11 millions, on ne s'appesantit pas assez sur la différence d'une vente en gros et au détail. Pour les objets les plus usuels de la vie, tels que vêtements, combustibles et alimentation, il y a des différences, entre ces deux ventes, qui atteignent le chiffre prodigieux de 20, 30 et quelquefois 50 p. 100. Voilà donc l'expérience et l'arithmétique qui nous ouvrent le champ infini de la coopération sous toutes ses formes. Mais l'idée mère de cette coopération, le noyau qui la fécondera, n'est-ce pas précisément la société de secours mutuels, qui a une clientèle assurée, et qui, par le fait seul d'une délibération commune et de la délivrance de cartes, obtiendra immédiatement du fournisseur une baisse de prix de 5, 10 et 15 p. 100.

Dans cet ordre d'idées, les horizons de la société de secours mutuels sont indéfinis. Les choses les plus insignifiantes en apparence y figurent avec honneur, depuis les objets les plus indispensables à la vie jusqu'aux soins domestiques les plus vulgaires. Prenez, par exemple, la propreté qui intéresse tant la santé du peuple, et dont l'oubli est si souvent le précurseur de bien des misères physiques et morales. Combien n'est-elle pas négligée? Pourquoi n'y aurait-il pas une lingerie qui, alimentée par une cotisation spéciale, par les dons des membres honoraires et des dames patronnesses de la ville, distribuerait du linge aux titulaires qui

en ont un pressant besoin? Pourquoi n'y aurait-il pas
des bains populaires à bon marché qui, au prix de 0 fr.
60 c., sont encore au-dessus de la portée des dernières
bourses?

Ne négligeons pas ces infimes détails ; ils se réalisent
en même temps que les autres œuvres dont ils sont le
complément, sans qu'on y pense pour ainsi dire ; et disons comme M. de Melun : « Voilà de ces progrès obs-
« curs et modestes qui ne comptent pas dans l'exis-
« tence d'un peuple, qui n'ont pas de place dans son
« histoire, mais qui se font sentir et bénir à toute heure
« dans l'atelier de l'ouvrier, dans la mansarde du pau-
« vre, leur rapportent plus de force et de santé que
« n'en peut donner toute la science des médecins, leur
« épargnent plus de maladies et d'infirmités que les
« hôpitaux n'en sauraient guérir. »

Si de pareilles améliorations sont possibles dans l'ordre matériel, combien aussi n'y en a-t-il pas à tenter
dans l'ordre moral? Le côté moral, quoique moins
pressant dans les besoins de la vie, répond plus particulièrement encore à la nature et aux attributs des sociétés de secours mutuels. Il semble que, pour la misère
surtout, ce soit une allégeance au malheur, que de se
réunir de temps à autre avec des êtres qui pensent
comme vous, qui espèrent comme vous et qui se servent
de la confusion de leurs intérêts pour amoindrir leurs
soucis. Ce sentiment est encore plus vrai lorsque les
parents voient l'influence de la société se déverser,
comme une bienfaisante rosée, sur la santé et l'éduca-

tion de leurs enfants qu'elle entretient avec sollicitude.

J'ai parlé de l'éducation, qui est à la fois le premier pas et le complément de l'instruction. Écoutez cette parole de Blanqui : « Cette immense question de l'édu- « cation des enfants de l'ouvrier renferme tout l'avenir « de la société actuelle... Il faut s'emparer des enfants « et ne les point quitter avant qu'ils aient échappé au « travail criminel et prématuré de l'atelier qui les dé- « moralise et les tue. » Nous savons bien, en effet, « que « le travail industriel, tel qu'il est organisé, tend à « dissoudre la famille, c'est-à-dire à ruiner la base « même du monde moral (1). » Oui, nous savons aussi puisqu'il s'agit d'enfants, que la manufacture les em- pêche d'aller à l'école ; qu'elle interdit, par le fait, l'en- seignement professionnel, qui constitue le véritable ap- prentissage. Nous avons des écoles quotidiennes pour ceux qui ont des loisirs, qu'avons-nous pour les autres ? L'Amérique a plus de cent quarante mille *sabbath- schools ;* combien en France avons-nous d'écoles du dimanche, qui en reposant le corps cultiveraient l'es- prit et l'âme ?

Franchement, les patrons pourraient faire davantage pour l'éducation des enfants de leurs ouvriers. Mais c'est encore là une annexe du ressort de la société de secours mutuels. Quoi de si difficile à ce qu'une com- mission émanée d'elle, composée d'ouvriers ou de pa- trons, peu importe, joue en réalité le rôle d'une mai-

(1) Paroles de M. le duc de Padoue, ministre de l'intérieur en 1859.

son de patronage ! Elle placerait convenablement les
enfants, elle les surveillerait à l'usine, elle les enverrait
à l'école, elle vérifierait leurs progrès. Arrivés à un
certain âge, elle se les agrégerait et recueillerait ainsi
pour l'avenir la moisson de dévoûments qu'elle aurait
semés dans le passé. Pour tout cela, qui se simplifie
plus qu'on ne le pense et qui demande plus de volonté
que d'habileté, les frais seraient insignifiants. Une des
seules dépenses serait, par exemple, de distribuer
chaque année quelques prix pour récompenser la meilleure conduite de l'apprenti le plus laborieux, prix qui
serait à la fois un stimulant pour l'ouvrier et une
marque d'honneur pour le patron de l'établissement
dans lequel il travaille.

L'éducation et l'instruction de l'enfance ne doivent
pas s'arrêter à dix ou douze ans. L'adulte a besoin de
quelques livres et de quelques lectures. Où les trou-
vera-t-il ? Dans la petite bibliothèque de la société. Que
ces livres ne soient pas des œuvres scientifiques, bien
évidemment, mais au moins qu'ils soient irréprochablement bons. Mieux vaut encore la crédulité de Ma-
thieu Laensberg que la démoralisation. Nouvelle preuve,
en passant, de la nécessité de faire intervenir les gens
éclairés dans de pareilles sociétés. Qui, en dehors d'eux,
pourrait exercer sur les lectures un contrôle sérieux ?
La France n'est pas très-avancée sous le rapport des bibliothèques. En Angleterre, il y a les *mechanic institutions* qui sont des espèces de cercles pour les ouvriers
et les artisans. On y lit des journaux ; on emporte des

livres. Le local de la bibliothèque est en même temps celui du musée industriel, dont on change peut-être accidentellement la destination pour donner quelques concerts et exécuter quelques danses. Il serait sans doute téméraire d'affirmer que ces institutions sont absolument exemptes de danger ; mais dirigées dans un bon esprit, elles ne peuvent que rendre de grands services. Ici, comme toujours, tout dépend de la nature de la direction et de l'influence qui prédomine.

L'Angleterre possède encore les *workmens-librairies*. Ce sont des bibliothèques qui sont attachées aux grandes manufactures, à l'usage spécial des ouvriers de la fabrique. Ce mode d'instruction est presque entièrement inconnu chez nous. Nous n'avons même que très-peu de bibliothèques populaires proprement dites, qui se mettent à la portée des intelligences peu cultivées, et répondent efficacement aux besoins intellectuels et moraux des villes et des campagnes. Il est conforme cependant aux idées du jour et à la nécessité de développer ce mouvement. Les appréhensions que certaines personnes continuent à nourrir sur les abus possibles de l'instruction doivent s'effacer devant la réflexion et les tendances de notre époque. C'est un fait que l'on ne détruira pas ; elle se développe et se développera ; si elle n'est pas féconde pour le bien, elle produira le mal. Il est donc urgent, plutôt que de bouder, plutôt que de marcher à rebours du siècle et de se montrer obstinément rétrograde, de diriger pacifiquement le mouvement, et de creuser, pour ainsi dire, le lit où il roulera ses eaux fertilisantes. L'inaction serait une insulte aux dispositions les plus civilisantes de notre société, et, à travers l'homme, monterait, en quelque sorte, comme un outrage, jusqu'à Dieu, qui ne nous a pas donné une âme pour l'étouffer, et une intelligence pour l'abaisser dans la stérilité. Il nous a laissé en cela notre libre arbitre, nous permettant, selon les impulsions de notre volonté, d'en bien ou mal user. On conçoit donc une divergence sur les procédés et les modes d'application, mais non sur la nécessité de propager l'instruction.

Nous avons, avec l'Angleterre, un autre peuple qui nous donne l'exemple. Faisons comme aux États-Unis, qui lisent beaucoup, disent-ils, « pour être vite aussi « savants que la vieille Europe, » et qui n'écrivent pas moins pour lui faire concurrence sur le marché littéraire. C'est par millions d'exemplaires qu'ils demandent à l'Angleterre les grands ouvrages de sa littérature. De toutes les rivalités, de tous les commerces, celui-ci est le plus élevé et le plus noble.

Voilà une partie des œuvres succinctement résumées, que peut embrasser le mutualisme bien entendu. Il en reste beaucoup d'autres encore, ne fussent, par exemple, que les prêts d'honneur. Quand le pauvre a besoin d'argent, c'est sur l'honneur de toute une famille qu'il faut hypothéquer la dette. L'honneur, « cette fleur de la probité, » est le seul gage vraiment solide de l'homme pauvre. Un pareil système développe le sentiment et n'expose le prêteur qu'à de très-faibles risques. On inscrit ceux qui tiennent parole et restituent fidèlement sur le grand livre de l'estime publique de la commune ; on prévient les retardataires, on signale les négligents, on stigmatise d'une mauvaise note les emprunteurs de mauvaise foi. Voilà pour les classes pauvres une véritable caisse de prêts. Mais, au milieu de tant de moyens de faire le bien, il ne faut pas se laisser entraîner par les détails. Si vastes que soient les applications du mutualisme, précisément parce qu'elles sont vastes, il est à propos de se lancer dans cette voie avec une attentive modération. Si la carrière est illimitée, il appartient à la sagacité de choisir. Du zèle, mais en même temps de la prudence ; de l'enthousiasme et de l'initiative, mais du raisonnement ; des essais, des entreprises, des tentatives, mais à la condition de les mesurer et de les régler. Rien sans compter, sans interroger la caisse sur ses forces, sans prévoir les revers, sans opposer à l'inconnu un petit fonds de réserve permanent, qui pelotonne comme la boule de neige, grossit à vue d'œil, et vous sauvera des désastres.

Dans l'étude du mutualisme et de ses applications, nous avons particulièrement parlé des villes ; il convient en finissant, d'attirer l'attention sur les campagnes, qui sont en général déshéritées de ce puissant instrument de prospérité et de bien-être. Plus que jamais il est utile de propager la société de secours mutuels dans les populations rurales. A notre époque surtout, où la dépopulation des campagnes augmente chaque jour, de pareilles créations seront un remède de persuasion à l'encontre de ce mirage de séduction qui fait déserter le séjour de la terre et étale devant les imaginations les promesses trompeuses d'une augmentation de salaires et de bien-être apparent. Lorsque des communes n'ont pas assez de population et de forces pour constituer une association, on oublie que le décret de 1852 permet à ces communes de moins de mille habitants, de se fusionner et de se réunir pour guérir leur misère respective. C'est par ce moyen joint à beaucoup d'autres que, d'une part, les charges de l'assistance publique se trouveront diminuées, et que la campagne conservera, d'autre part, les enfants qui sont nés sur son sol, et que la terre deviendra, suivant la parole du baron Dupin, la caisse d'épargne des populations.

Quelles sont les difficultés principales qui s'opposent à la diffusion de ces sociétés rurales et quel est le moyen de les vaincre? Ce qui manque le plus, ce sont des hommes d'initiative et de progrès qui enfantent l'entreprise, fassent les premières démarches, et réunissent les ressources au début. De pareils travaux sont, en général, assez longs et assez gênants. Il est rare qu'ils ne vous occasionnent pas des ennuis, sinon des désagréments. Aussi est-il assez fréquent de voir les hommes dévoués eux-mêmes reculer devant un fardeau et des soucis qu'ils redoutent. Tenant compte de cette rareté d'un personnel assez hardi pour entreprendre ces sortes d'œuvres, on a proposé (1) de créer, à la place des commissaires de

(1) Rapport de M. le docteur Blin, membre de la Société académique de Saint-Quentin, 3e série, t. VI.

police cantonaux, des inspecteurs officiels qui, chargés de desservir une certaine circonscription territoriale, fonderaient les statuts sociaux, en expliqueraient le sens et feraient une heureuse propagande. Nul doute qu'il ne soit très-avantageux de supprimer la plupart des commissaires cantonaux qui subsistent encore, mais nous ne serions pas sympathiques à la création de ces *missi dominici* d'un nouveau genre. Formées par la seule initiative des communes, les sociétés rurales marcheront inévitablement moins vite et moins bien. Mais cette action, cette influence ne sont vraiment pas du ressort de l'administration. N'est-il pas plus désirable, quitte à attendre quelque temps, que les notabilités communales se mettent d'elles-mêmes à profiter avec empressement de l'exemple que leur donnent la plupart des villes? Tout le monde verrait cependant avec sympathie se former des commissions d'arrondissement qui, partant du chef-lieu, se dissémineraient, par l'entremise d'un représentant, dans les campagnes, pour y secouer les indifférences, y encourager les autorités municipales et y étendre le nombre des sociétaires. Ce délégué, sans mission de l'État, n'ayant d'autre titre que la fonction honorifique dont l'aurait investi le comité d'arrondissement, convoquerait le conseil municipal et les notabilités communales. Ses explications seraient bientôt entendues, ses propositions approuvées et son but atteint. L'essai est à faire. Il n'offre pas de dangers. Que les véritables amis des populations rurales y réfléchissent. Ils en tireraient sans doute un excellent parti.

CHAPITRE IV.

—

DE LA COOPÉRATION.

I. Des Sociétés coopératives en général et de leurs différentes espèces. — Sociétés de consommation, de crédit mutuel et de production. — II. Tendances, avantages et inconvénients des Sociétés
coopératives. — III. Y a-t-il lieu de faire une loi nouvelle sur les
Sociétés coopératives ? — De la liberté absolue des conventions. —
Des différents projets de loi proposés. — Résumé et conclusion.

Une forme nouvelle de mutualisme s'est fait jour
depuis quelques années. Elle a pris le nom de coopération. La coopération n'est pas autre chose que l'association. On n'a pas continué à se servir du simple mot
d'association, sans doute pour éviter l'amphibologie de
son acception. Car l'association, envisagée surtout dans
ses rapports historiques, avait été tantôt libre, tantôt
contrainte. La coopération signifie union, mais aussi
liberté des associés. Elle n'est d'ailleurs qu'une face
du mutualisme. Le principe et l'idée générale sont les
mêmes. Elle constitue seulement une application plus
étendue et perfectionnée de la mutualité à des besoins
particulièrement déterminés de la vie économique. Des
économistes ont critiqué l'expression de coopération,
en disant qu'elle ne signifiait rien, puisque toute société

impliquait l'idée de coopération. Cette critique nous
semble puérile. Elle repose sur une simple querelle
de mots dont le sens n'en est pas moins net et compris
par tout le monde.

Devant la nouveauté de ce sujet spécial encore peu
exploré, dans l'attente de la loi promise, que la controverse des intéressés et des économistes n'a pas ména-
gée déjà, il est à propos d'étudier minutieusement la
coopération, dût cette étude participer un peu de la
sécheresse didactique d'une question de législation.

TITRE I. — Des Sociétés coopératives en général et de leurs différentes espèces.

Ce genre de société peut embrasser une foule d'opérations; il se plie à tous les genres de travaux et ne
rencontre de limites que dans les bornes mêmes de l'activité humaine. C'est pour cela, qu'à vrai dire, il est
impossible de définir la société coopérative. Cependant
elle se ramène à trois types principaux qu'on a appelés:
Société de consommation, Société de crédit mutuel et
Société de production.

§ 1er. — *Société de consommation.*

Une société de consommation est celle qui achète en
gros pour vendre en détail aux associés et au public.

Ses avantages sautent aux yeux ; l'achat en gros se fait avec un rabais de prix qui profite aux associés. La société a soin de ne s'approvisionner que de marchandises excellentes et saines, et, pour l'ouvrier qui a besoin d'une alimentation d'autant plus succulente qu'elle est plus sobre, cette considération n'est pas à dédaigner.

Il est bon de citer quelques exemples qui permettent d'apprécier la nature de cette société.

Premièrement. Une des sociétés de consommation la plus connue, est la société alimentaire de Grenoble, qui a été fondée par M. Taulier, maire de cette ville. C'est une réunion de personnes qui viennent acheter des aliments préparés dans une cuisine commune, soit pour les emporter chez eux, soit pour les consommer sur place, dans les réfectoires de l'établissement.

Chaque souscripteur paye 1 ou 2 fr.

Il y a dans l'établissement un guichet où le consommateur achète des jetons en échange desquels on lui délivre une ration de nourriture ; les jetons sont d'une couleur différente suivant la nature des aliments.

On remarquera combien les prix sont modérés, puisqu'ils sont comptés :

1° Une soupe (1 litre)	10 cent.		»
2° Viande (130 gr. ou 200 gr. de poisson sec et cuit).	20	—	»
3° Légumes (une bonne assiettée).	10	—	»
4° Un quart de litre de vin. . .	7	—	1/2
5° Pain (132 grammes). . . .	5	—	1/2
6° Dessert.	10	—	1/2

Au total, pour un repas abondant, 75 cent. au plus.

Devant un aussi beau résultat, les attaques n'ont cependant pas manqué.

On a dit d'abord que cette institution éloignait l'ouvrier de la vie de famille en lui créant un bien-être individuel. C'est le contraire qui est vrai. Car l'ouvrier, s'il a la certitude de pouvoir se nourrir lui et les siens à si bon compte, n'hésitera pas à contracter des liens nouveaux, qu'on est enclin trop généralement à regarder comme une charge.

On a ajouté que cette association diminuait la part légitime de la femme au sein de la famille. Erreur complète. L'association, en la dégageant des soins vulgaires du ménage, qui sont d'autant plus embarrassants pour elle qu'elle a plus besoin de son travail pour vivre, lui permettra de consacrer un temps long, d'abord à la propreté et à l'ordre de son ménage, et ensuite aux soins et à l'éducation des enfants.

On a même été jusqu'à prétendre que de pareilles sociétés menaient au socialisme : c'est abuser du mot. Le socialisme qui met en commun quelques forces individuelles pour le bien de chacun, en respectant toute liberté et volonté, est ce qu'une société avancée et chrétienne peut rêver de mieux.

Il demeure donc acquis que la société de Grenoble est un exemple à imiter.

Cette société est en nom collectif; l'article 15 déclare, en effet, que chaque associé est responsable pour sa part des engagements de la société.

Secondement. Citons encore l'ancienne société Cavenel et Cie, qui est aussi en nom collectif.

Voici ses traits saillants :

Elle est fondée pour l'achat et la vente à prix réduits de tous objets à l'usage ordinaire des ménages.

Il y a les membres fondateurs et les membres participants ; les uns et les autres participent aux bénéfices, après avoir fait un versement de 50 fr.

Les clients participants n'ont aucun droit d'immixtion dans les affaires sociales.

Ils ne peuvent jamais être exposés à un recours de la part des tiers, sur leurs personnes et sur leurs biens ; mais les fonds versés par eux dans la société sont affectés à garantir, au regard des tiers, les engagements sociaux.

Les bénéfices sont employés, moitié à constituer un capital de réserve, et l'autre moitié est partagée entre les sociétaires et les clients participants, proportionnellement au chiffre des acquisitions qu'ils ont faites.

Les clients participants peuvent toujours se retirer et reprendre le capital qu'ils ont versé ; mais dans ce cas ils n'ont aucune part aux bénéfices.

Ainsi, le caractère de cette société est d'être en nom collectif pour les vrais sociétaires, et en commandite pour les participants.

Troisièmement. La compagnie du chemin de fer d'Orléans a fondé à Paris, Orléans, Tours et Bordeaux des magasins où se vendent, au profit de ses ouvriers, les denrées de consommation et les vêtements. L'acheteur réalise une économie de 30 pour 100 en moyenne, et son payement s'exécute par une retenue mensuelle que la compagnie lui fait subir sur son traitement.

Quatrièmement. La même compagnie a fondé à Ivry un réfectoire desservi par des sœurs de charité. Pour 65 à 70 cent. l'ouvrier prend ou emporte un excellent repas.

Cinquièmement. Le bulletin international des sociétés coopératives, l'*Association*, a lui-même rédigé des statuts modèles. En voici les clauses qu'il importe le plus de connaître :

La société est en nom collectif vis-à-vis des uns et en commandite vis-à-vis des autres.

Elle a pour but de fournir aux associés et au public les produits et marchandises de qualité vraie et de poids sincère, de réaliser, au bénéfice de ses membres, des économies sur leur dépense de consommation, par l'interdiction d'intermédiaire onéreux, en mettant autant que possible le consommateur en rapport direct avec le producteur.

La société achète en gros ou reçoit en consignation dans ses magasins tous produits et marchandises qu'elle revend aux associés ou au public suivant le cours du jour.

La société vend au comptant et n'accorde de crédit à qui que ce soit, associé ou non.

..... Chaque commanditaire a un titre nominatif indiquant la somme par lui versée.

Tout souscripteur doit le total de sa souscription ;

il peut fixer lui-même les époques et la quotité de ses versements.

Le commanditaire peut céder sa part à un tiers, mais ce cessionnaire ne jouit des avantages sociaux qu'après avoir été admis comme associé.

Ces statuts sont accompagnés de conseils très-sages que les hommes de bon sens ne doivent cesser de recommander.

Ils émettent le vœu que les ventes se fassent sans doute aux associés et au public, mais que les associés soient toujours considérés comme la clientèle de fondation, le public n'étant qu'un achalandage accidentel, changeant et accessoire. Les sociétés feront bien d'ailleurs de se montrer généreuses et larges dans l'admission de nouveaux associés.

Ils préconisent ensuite la vente au comptant. On comprend qu'une pareille règle soit trop rigoureuse pour être toujours suivie et qu'il y a quantité de circonstances qui la feraient infailliblement fléchir ; mais il faut l'appliquer autant que possible. C'est le seul moyen d'éviter des pertes qui seraient autant de mécomptes pour la société et d'habituer en même temps l'ouvrier à l'exécution ponctuelle de ses engagements.

Il est bon surtout de se prémunir contre la tendance qui consisterait à vendre les consommations au-dessous du cours du commerce ordinaire. Ce serait une amorce pour la clientèle, mais ce procédé offre un danger véritable : d'une part, elle serait illicite, car elle tuerait la concurrence des industries similaires, et, d'autre part, elle habituerait l'ouvrier, ce qui ne serait pas moins grave, à payer les choses usuelles au-dessous de leur valeur vraie. Ce double inconvénient est évité en maintenant le prix des cours de la localité, et le consommateur n'y perd rien, puisque l'excédant qu'il paye au-delà du prix de revient de la chose achetée constitue un fond de bénéfice qui se distribue de temps à autre à tous les associés, proportionnellement à leurs achats.

L'exécution fidèle de ces prescriptions ne peut que lancer les sociétés de consommation dans la voie de la prospérité.

§ 2. — *Sociétés de crédit mutuel.*

Personne ne peut contester l'importance du crédit : il est en quelque sorte le nerf de l'activité humaine. C'est l'instrument qui permet d'employer des bras inoccupés. Il aide à créer une industrie, à fonder un établissement, à entreprendre un travail, à acheter une machine, et les bénéfices qu'il engendre servent bientôt à amortir le capital emprunté. Ce qui manque le plus aujourd'hui aux classes agricoles et ouvrières, c'est le crédit. Si l'argent, le capital, au lieu de se jeter dans la haute industrie, de se placer en rentes sur l'État, en obligations de chemins de fer, en loteries et fonds publics étrangers, si cet argent s'infiltrait comme un drainage bienfaisant dans les classes agricoles, la production serait plus abondante, la consommation moins chère, l'aisance plus universelle.

Mais le crédit, si désirable qu'il soit, ne saurait être gratuit; il est un capital qui s'achète. Ce qu'il y a de curieux, c'est que l'épargne des classes inférieures ne leur vient même pas en aide comme source de crédit. Les caisses d'épargne, par exemple, qui sont le grand réservoir des petites économies, concentrent 400,000,000 environ dont elles payent l'intérêt, mais qui ne profitent pas au déposant pour lui faciliter l'achat des instruments de travail dont il a besoin.

Quels pourraient être les moyens de créer et de populariser le crédit? Il n'y en a que deux.

Le premier consisterait à créer en France des banques dites *banques d'Écosse*, c'est-à-dire des banques qui reçoivent tous les dépôts, et qui, sur ces dépôts, prêtent de l'argent à tout le monde, moyennant intérêt.

Le second moyen, au lieu de s'appliquer à tous les citoyens, s'applique spécialement aux classes laborieuses. C'est à celui-là que M. Schultz-Delitsch a eu recours en Allemagne, en créant les banques d'avance ou banques populaires. Ces établissements centralisent sous forme d'entrée et de droit de cotisation les économies des ouvriers, et les prêtent ensuite à ceux d'entre eux qui en ont besoin. Comme on l'a dit justement, ils jouent le rôle d'une pompe aspirante et foulante.

Les banques d'Écosse et les banques d'avance ont ceci de commun et de remarquable qu'elles ouvrent des prêts à découvert; elles font foi, non pas à la garantie réelle de l'emprunteur, mais purement et simplement à son crédit personnel. Dans la banque d'Écosse, il suffit pour emprunter d'être présenté par deux ou trois amis qui sont connus de la maison de banque. Dans la banque d'Allemagne, le prêt se fait à tout associé, à des conditions assez onéreuses il est vrai, puisque le total des intérêts est de 8 p. 100, savoir : 5 p. 100 intérêt de l'argent, plus 1/4 p. 100 de commission par mois ; mais il ne faut pas perdre de vue que ces intérêts se capitalisent et que leur ensemble constitue une partie des bénéfices qui, comme le reste, se répartit entre les associés proportionnellement à leur mise.

Ces banques d'avance sont bien l'origine et le type des sociétés coopératives de crédit mutuel. Elles réalisent un progrès essentiel ; elles donnent à la solidarité des membres qui se réunissent et au cautionnement des uns par les autres une puissance inconnue jusqu'ici. On ne mesure bien les progrès qu'elles accomplissent qu'en parcourant les différentes étapes de l'histoire du crédit. A l'origine de la société humaine, le crédit ne s'obtient que par la transmission de la propriété même de la chose qui est à vous. Il en résulte que ce crédit que je sollicitais pour faire fructifier ma propriété devient illusoire, puisque, pour l'obtenir, je cesse d'être propriétaire. Aussi, plus tard, ce n'est plus la propriété que l'emprunteur transfère au prêteur, mais seulement la possession de sa chose. Là encore, quoique moindre, l'inconvénient est capital. L'emprunteur ne peut pas employer le prêt à faire fructifier sa chose, puisqu'il ne la possède plus. C'est à ce moment qu'un pas décisif s'accomplit dans l'intérêt du crédit. L'emprunteur gardera la propriété et la possession de sa chose ; il se bornera à conférer au créancier une espèce de droit de gage, une sorte de séquestre qui s'opposera à toute mutation et aliénation de l'immeuble et qu'on appelle hypothèque.

Mais ces procédés ne pourvoient tous qu'au crédit réel ; il faut aller plus avant encore et substituer à la garantie des choses la garantie des personnes. Il y a dans cette transformation du crédit une idée féconde et profondément moralisatrice. La personne du travailleur honnête a une valeur énorme, lorsqu'elle s'associe à une autre personne ; il y a, dans ce rapprochement mutuel, une solidarité qui, vis-à-vis des tiers, centuple son importance.

C'est à ces titres que les sociétés de crédit mutuel doivent être largement encouragées.

Il est bon, comme pour les sociétés de consommation, de citer quelques statuts.

1° *Société civile d'épargne et de crédit des ouvriers tailleurs de pierre.* — On remarquera d'abord que cette société est civile.

Le but de la société est d'assurer à chacun de ses membres des moyens de crédit.

Tout sociétaire verse chaque semaine une cotisation dont le minimum est de 50 cent.

Les sociétaires ne peuvent pas obtenir de la société un prêt de plus de cent francs (en général du moins).

— Le comité décide souverainement si le prêt demandé doit être accordé. — L'intérêt des prêts est de 4 p. 100. — L'emprunteur donne en garantie à la société, sur lui-même, un ou plusieurs billets à 90 jours qui ne pourront jamais être négociés.

Les droits des actionnaires sont personnels ; ils ne sont ni transmissibles ni négociables.

Les produits nets du capital formé par l'épargne des sociétaires constituent les bénéfices de la société. Ils sont portés au crédit de chaque sociétaire proportionnellement au crédit de la somme versée.

2° *La société de crédit mutuel et du crédit au travail sous la raison sociale Beluze et C*[ie]. — Elle est en nom collectif à l'égard de M. Beluze et en commandite à l'égard des autres.

La société a pour but de créditer les associations actuellement existantes, d'aider à la nouvelle formation de sociétés de production, consommation ou de crédit ; d'assurer le développement des principes de mutualité et de solidarité, afin de rendre le crédit accessible au travailleur fonctionnant dans toutes les branches de l'activité humaine : agriculture, industrie, commerce, enseignement, sciences et arts.

Les opérations de la société consistent :

1° A créditer les associations, soit en leur fournissant des fonds à titre de participation, soit en recevant à l'escompte les valeurs commerciales créées ou endossées par elles, soit en leur ouvrant un crédit sur garanties convenables ;

2° A assurer à ses propres membres un crédit au moins égal pour chacun à son capital versé dans la commandite, et pouvant dépasser ce chiffre par la garantie solidaire de plusieurs membres ou de tiers;

3° A accorder ce même crédit à des tiers se cautionnant solidairement pour le remboursement de leurs emprunts;

4° A faire, pour le compte des associés et des tiers, tous recouvrements, payements, commissions et placements de fonds, etc., etc.;

5° A recevoir des comptes courants;

6° A recevoir des dépôts à certaines conditions.

Le crédit accordé à chaque associé est couvert par des valeurs à ordre, ou garanti par une hypothèque sur les immeubles ou une délégation privilégiée dans le matériel, les marchandises ou les créances de l'association.

La société escompte les valeurs créées ou endossées par les associations qui auront un crédit ouvert et qui seront intéressées dans la société. Elle accepte à l'escompte les valeurs des membres de la société. Elle reçoit en comptes courants, avec intérêts, toutes les sommes qui lui sont confiées par ses coassociés ou par des tiers.

La liste des adhérents de cette société est curieuse, elle renferme plus de mille commanditaires de toutes les positions sociales, libérales ou manuelles.

3° *La société des statuts modèles.* — La société, d'après le règlement type, a pour objet : 1° de faire aux associés des avances ou prêts sur valeurs souscrites par eux-mêmes ; 2° d'escompter à eux des effets de commerce ou de leur en faciliter l'escompte en lui donnant la garantie de la signature sociale ; 3° de recevoir en compte courant toute somme ou cotisation d'associés ou de personnes aspirant à entrer dans la société.

Le gérant ne peut, en principe, faire d'avances ou de prêts que jusqu'à concurrence du double de la somme versée par l'emprunteur.

Les bénéfices sont partagés proportionnellement aux sommes versées. S'il y a des pertes, elles sont supportées proportionnellement aux sommes fournies par chaque associé.

Dans le cas où des pertes viendraient diminuer les apports déjà complets, ils devraient être complétés par le moyen de cotisations hebdomadaires et par la retenue des intérêts et des bénéfices.

§ 3. — *Société de production.*

Les sociétés de production sont de beaucoup les plus hardies et les plus importantes ; elles ont pour but de transformer les matières premières en produits fabriqués. L'ouvrier se fait patron pour exploiter lui-même à son profit. Il est certain que c'est le dernier mot de l'association : mais il ouvre une foule de périls et renferme bien des causes d'insuccès. Nulle part le bon accord des associés n'est plus essentiel que dans une société de production, puisque chacun prend sa part dans la mise en œuvre de l'industrie. Tout ce qui peut lui nuire ou le compromettre est pour l'association une cause de ruine.

Il importe essentiellement que la direction de l'œuvre soit dans des mains honnêtes et capables. L'inintelligence ou l'infidélité engendreraient de grands désastres.

Ajoutons qu'une société de production, vivant de la vie commerciale, est soumise à tous les flux et reflux des cours de la place, à tous les *alea* du marché, et qu'une oscillation de baisse prononcée ou prolongée renferme des conséquences d'autant plus fatales, qu'elles retomberont de tout leur poids sur des ouvriers que la misère exaspérera et qui ont besoin de leur gain quotidien pour vivre.

Ces remarques générales faites, voici quelques exemples de ces genres de société.

Association générale de production des ouvriers tailleurs. — La société a pour objet l'exploitation et l'entreprise de tout ce qui concerne la profession et le commerce de tailleur.

Il est retenu à tout associé (soit qu'il travaille au siége de la société, ou pour elle au dehors) un dixième du produit de son travail, pour être versé à son compte d'apport.

Chaque associé doit son travail à la société... Il s'interdit absolument, sous peine d'exclusion, de faire, pour son compte particulier, aucun travail de même nature que celui de la société... Les associés peuvent être autorisés à travailler chez eux.

La société est en commandite. Le gérant est toujours révocable.

La société, outre les associés, comprend des postulants et des auxiliaires pour aider les ouvriers. 50 pour 100 des bénéfices sont répartis entre ces trois classes de personnes, proportionnellement au travail produit par chacun d'eux, représenté par le salaire perçu. Les 50 pour 100 restants sont portés au fonds de réserve. Les postulants et les auxiliaires ne participent pas aux pertes, mais il est fait, sur la part qui leur revient, une retenue de moitié, qui est portée à la réserve, et la somme de ces retenues forme un fonds commun sur lequel on prélève une somme suffisante pour couvrir les pertes. Le surplus, s'il y en a, forme un fonds indivis jusqu'à la liquidation de la société.

En cas de perte, les associés sont tenus de rapporter leur part contributive, c'est-à-dire leur mise, qui ne serait pas complète, ou de subir la retenue du dixième sur le produit de leur travail, pour reconstituer leur apport.

L'association ouvre encore un compte courant aux adhérents. Elle reçoit des versements à partir de 5 fr. et paye un intérêt qui, suivant la durée du prêt, est de 4 ou 6 pour 100.

Elle offre à ses membres proprement dits les marchandises non façonnées, qui doivent servir à leur usage personnel, au prix de facture, avec une commission en sus de 2 1/2 pour 100.

Un règlement général donne de sages conseils aux associés, prêche la soumission et flétrit en termes énergiques l'ivrognerie, les injures, la violence, les paroles obscènes et la paresse.

Statuts modèles d'une société de production. — D'après eux, l'apport de chaque associé doit être versé en espèces ou en nature.

Tout associé qui ne l'a pas versé, lors de la constitution de la société, le complète par la retenue de ses bénéfices et même par une retenue d'un dixième sur son salaire.

La société n'emploie qu'accidentellement des auxiliaires. L'associé qui travaille chez lui ne peut employer d'autres auxiliaires que sa femme et ses enfants, si ce n'est avec l'autorisation du gérant.

Le travail est payé à la tâche ou aux pièces, à la journée ou au mois. Il reçoit une première rétribution qui représente le salaire actuel et est versée à chacun par payes périodiques. Il reçoit, en outre, une part du produit, à titre de complément du prix de main-d'œuvre. Cette dernière part ne peut être réclamée que si l'inventaire établit pour l'exercice la réalité de bénéfices.

La société peut toujours admettre de nouveaux membres, quand elle a du travail pour les occuper. Mais l'ouvrier admis doit avoir travaillé pendant trois mois au moins, à titre d'essai, pour la société.

Aucun associé ne peut transporter ses droits à un tiers, ni faire une cession, même partielle, de ce qui pourra un jour lui revenir dans l'association, sans y avoir été autorisé par l'assemblée.

Les bénéfices sont partagés dans de certaines proportions; mais si l'inventaire constate des pertes, elles sont exclusivement supportées par le capital social, sauf la reconstitution du capital au moyen de la retenue des bénéfices et du salaire, sauf, en outre, la responsabilité indéfinie du gérant envers les tiers.

Telles sont les principales clauses des statuts des trois types de société coopérative.

Il est bon de savoir d'une manière générale que, pour fonder au début une société semblable, il ne faut aucune autorisation du Gouvernement, que l'autorisation n'est nécessaire que pour réunir une assemblée générale de plus de vingt personnes; que, pour être en règle avec la loi, il suffit que les statuts soient transcrits sur une feuille de papier timbré, signés par tous les associés, etc.

TITRE II. — Tendances, avantages et inconvénients des Sociétés coopératives.

On fait beaucoup valoir les avantages des sociétés coopératives; on est même disposé à les exagérer. Il faut reconnaître cependant qu'elles apportent à leur appui des promesses généreuses et des résultats séduisants.

Elles sont de nature à inspirer aux ouvriers l'esprit d'ordre et d'économie. L'épargne est, pour l'homme du peuple, une qualité fondamentale ; c'est elle qui donne l'aisance, le bonheur et la moralité.

La société coopérative met en relation le patron et l'ouvrier. Entre deux hommes qui sont séparés par leur situation de fortune si différente, elle sert de trait d'union. Rien n'est plus propre qu'un rapprochement de tous les jours à calmer les passions hostiles et apaiser les défiances. C'est dans un travail commun que l'ouvrier et le patron apprendront l'un et l'autre à respecter les engagements qu'ils ont pris. Ce labeur quotidien, qui les intéresse tous deux, mettra fin à l'exploitation de l'ouvrier par le patron, de même qu'il prémunira l'ouvrier contre les surexcitations de l'infériorité qui le poussent à se dérober aux secours d'un homme qu'il considère comme supérieur. En un mot, l'association empêche le fléau des grèves, et l'ouvrier, s'il se manifeste un désaccord entre ses patrons et lui, ne sera plus recevable à refuser de travailler, puisqu'il trouvera dans l'association une porte toujours ouverte à son activité.

Mais le grand effet des sociétés coopératives serait, dit-on, de rehausser le travail et de l'élever à sa véritable hauteur. Déshérité jusqu'ici de la position qui lui appartenait, passé sous silence dans toute notre législation, méconnu quelquefois dans nos mœurs qui ne lui rendaient qu'une justice plus théorique que pratique, le travail monterait à la surface de la société, s'affirmerait comme valeur réelle et disputerait au capital la puissance dont celui-ci disposait en maître unique. La rivalité entre le travail et le capital, la concurrence entre ces deux forces de la nature humaine, tel serait le grand mouvement de notre époque, la réforme la plus accentuée du XIXᵉ siècle, le but auquel il aspirerait par les efforts les plus multiples ; et, ajoute-t-on, cette concentration de forces vers un point déterminé n'est point spéciale à la France ; elle a ses échos dans l'Europe entière, particulièrement en Angleterre et en Allemagne.

Cette ascension du travail n'est-elle pas d'ailleurs conforme à la marche de l'histoire ; n'est-elle pas une dernière étape dans la voie de l'homme qui se dégage de l'oppression étrangère et assure de plus en plus l'indépendance de son individualité ? L'esclavage était la plaie de l'antiquité ; le colonat a servi à adoucir ses lois odieuses ; le salaire est venu plus tard accroître la liberté du travailleur : pourquoi ne pas faire un dernier pas ? De quel droit refuser à la marée montante d'une démocratie pacifique, la possibilité de prendre sa part d'un bonheur plus grand et d'une aisance plus assurée ? N'est-elle pas libre de se grouper, de se fondre en associations nombreuses et de se créer ainsi des forces qu'elle n'a pas individuellement ? Pourquoi défendre à une nouvelle couche de la société de se faire jour, si elle n'emploie que des moyens légitimes ? Une pareille marche n'est-elle pas dans les voies de l'humanité et les desseins de la Providence?

Telles sont les considérations sur lesquelles on édifie avec chaleur et zèle les fondations des sociétés ouvrières. Mais à côté de ces réflexions, empruntées aux hommes qui étudient et qui jugent le mouvement coopératif, il ne saurait être sans intérêt d'interroger les ouvriers eux-mêmes et de pénétrer, par la franchise de leur témoignage, jusqu'au cœur de leurs prétentions et de leurs espérances.

L'enquête a été faite; ces vœux ont été exprimés, à l'occasion de l'exposition de Londres, par des délégués que les ouvriers ont eux-mêmes choisis en pleine liberté. Ce qui manque peut-être le plus dans ces cahiers, c'est l'expression bien nettement formulée de ce qu'ils veulent : mais quoique les conclusions ne soient pas expresses, on peut aisément les pressentir. Pour eux, la plus grosse question, et cela est tout simple, c'est l'élévation des salaires. Comment un ouvrier ne chercherait-il pas à avoir plus et le patron à donner moins? Cette lutte d'intérêts opposés est la conséquence fatale du salariat. Les couteliers ont mis en relief que les salaires, en Angleterre, étaient de 5 fr. à 7 fr. 50 c. par jour pour dix heures de travail, tandis que les couteliers, à Paris, travaillent douze heures par jour pour ne gagner que 2 fr. 50 c. à 4 fr. 50 c. Les ouvriers en bronze ont produit le même grief en invoquant ce fait que leurs camarades anglais gagnaient 25 pour 100 de plus qu'eux et ne travaillaient cependant que de neuf heures et demie à dix heures par jour.

Telle est bien la pensée vitale de tous les délégués, le nœud gordien des réformes auxquelles ils aspirent : salaire plus élevé, un peu moins de travail. Mais quel est le moyen pratique d'y parvenir ?

Les uns, comme les mégissiers, ont demandé l'institution d'une chambre syndicale exclusivement composée d'ouvriers. Cette chambre s'entendrait avec la chambre des patrons, et ces deux puissances se contrebalanceraient pour le plus grand bien de l'égalité et de la justice. D'un débat contradictoire naîtrait l'équilibre raisonnable des salaires, et la position des ouvriers ne serait plus, selon leur expression, comparable à celle d'Ésaü qui, pour un peu de nourriture, fut obligé de vendre son droit d'aînesse.

D'autres, comme les mécaniciens, ont demandé qu'on augmentât le nombre des prud'hommes, de manière que les salaires de chaque état fussent régis par des personnes spéciales et compétentes ; ils désireraient, en outre, qu'à côté du salaire, qui est une dette, on fît une part à l'humanité, et qu'il se fondât, entre ouvriers de la même profession, une société corporative dont les liens de fraternité étroite auraient pour but de les aider mutuellement contre les accidents, les maladies et le chômage.

Quelques idées plus spéciales se sont fait jour.

On voit souvent percer le désir d'instituer des corporations. Les ouvriers en bronze, les réclament en

termes accentués. Ils parlent, il est vrai, d'une corporation ouverte ; ils sembleraient vouloir pour eux ce qui
existe pour les notaires, les avocats et les agents de
change. Il y aurait au centre de cette corporation une
sorte de conseil de l'ordre qu'ils appellent une commission professionnelle et qui, composée mi-partie d'ouvriers, mi-partie des patrons, serait chargée d'arrêter les
salaires. De cette manière, disent-ils, ils pourraient
lutter contre les fluctuations malfaisantes de l'offre et
de la demande qui les plongent dans l'incertitude et l'infériorité, fluctuations qui, pour eux, proviennent toutes
de l'intervention dans les affaires du *seigneur capital*.
Mais il est à craindre, sans être défiant à l'excès, que
ces corporations ouvertes, si elles existaient, ne deviennent bientôt des corporations fermées. Il est facile, en
principe, de se montrer large et généreux ; mais dans
la réalité, l'ouvrier qui se croira menacé par la concurrence, qui imputera ses chômages ou ses diminutions
de salaire au trop grand nombre de ses camarades, ne
sera-t-il pas naturellement porté à empêcher les autres
de parvenir, pour se consolider dans la position qu'il
aura conquise ? Cette marche, si conforme à la nature
humaine, est plus excusable que coupable, et il n'y a
qu'à jeter les yeux autour de soi pour voir qu'il est bien
peu de carrières constituées en corporation qui restent
ouvertes au libre accès de tous. Le droit et l'égalité ne
cèdent que trop souvent leur place au privilège et à
l'exception.

Mais le point culminant que les ouvriers ont détaché

dans leurs délibérations, c'est l'assimilation du travail au capital ; « il faudrait, disent les uns, que le travail « ait la faculté de se combiner avec le capital, et celle « de refuser son concours toutes les fois que les condi- « tions du contrat lui paraîtraient injustes et léonines.»

Dans les corporations, ils ne voient encore qu'un moyen de salut transitoire : Ce qu'ils considèrent comme l'état de choses définitif, « c'est, pour eux tous, la pos- « session en commun des instruments de travail, afin « d'arriver à la production d'ensemble et à la mutua- « lité. » C'est de cette manière qu'ils se garantissent contre l'intervention des capitalistes qu'ils cherchent à mettre à l'écart.

Et pour parvenir à ce résultat si grave, ils con- cluent nettement, non-seulement à une réforme dans nos lois, mais encore, dans certains cas du moins, à l'as- sistance assurée du Gouvernement.

Nuls plus que les typographes, n'ont fait ressortir ce point fondamental de la question ouvrière ; ils sont en- trés dans le fond du sujet ; la commandite, ont-ils dit, règne en Angleterre en souveraine ; elle fait participer aux avantages du travail tous ceux qui contribuent à son existence ; pourquoi n'en serait-il pas de même en France ? Et, recherchant les causes de cette différence, voici celles qu'ils ont consignées dans leur rapport : là-bas, l'apprentissage est sérieux et complet ; au bout d'un temps fixé à l'avance, si l'ouvrier est demeuré incapable, on le renvoie ; s'il a conquis des aptitudes, il s'associe. Chez nous, on ne fait pas cette éducation du travail ; *la concurrence est trop vide, les rangs sont très-serrés; on ne limite pas assez le nombre des apprentis ;* on n'exige d'eux, pour ainsi dire jamais, aucune garantie de savoir-faire. Le patron use et abuse de vos services, il tire la quintessence de votre travail, et vous exploite sans songer à perfectionner votre apprentissage et vous faciliter l'exercice personnel d'un métier. Voilà, dans notre pays, le premier motif de l'inapplication de la commandite au travail. A cause de cela, les capacités restent inférieures et stationnaires ; elles ne s'équilibrent pas et ne se mettent en harmonie, ni avec la supériorité relative du patron, ni avec les exigences de l'industrie.

Un autre motif donné encore par les typographes est, que les compositeurs anglais, en variant successivement leurs travaux, se rendent propres à pratiquer toutes les divisions d'une profession déterminée, et l'entreprise a d'autant plus de chance de succès que l'habileté générale du personnel est plus grande et son expérience plus consommée. Chez nous, au contraire, l'ouvrier serait rivé à un travail qui se concentre et se spécifie trop. Il serait parqué dans une spécialité uniforme, et privé ainsi de l'intelligence et de l'initiative que l'esprit d'ensemble peut seul procurer.

Enfin et surtout, si la commandite en France n'est pas appliquée au travail, cela tiendrait à ce que les ouvriers n'ont pas la liberté de s'entendre, tandis qu'en Angleterre ils sont les maîtres de leur destinée, à ce point que, quand ils délibèrent dans l'usine du patron, le patron, qui cependant est chez lui, pousse le scrupule jusqu'à s'interdire l'entrée de son atelier.

Maintenant que nous connaissons les vœux des ouvriers, devons-nous nous y associer et les ratifier?

La controverse ne date pas d'hier.

« Les associations ouvrières, disait jadis M. Thiers,
« ne sont autre chose que l'anarchie dans l'industrie;
« les faits qui se passent en seront bientôt la démons-
« tration la plus palpable..... Votre commission déclare
« qu'elle ne croit pas à des collections d'individus les
« propriétés nécessaires pour l'exploitation d'une in-
« dustrie quelconque. »

Proudhon, avec lequel on s'habitue difficilement à
être d'accord, s'est expliqué, au contraire, dans son
Manuel du spéculateur à la Bourse dans des termes
qui donnent à la question une merveilleuse précision;
jamais, ces temps derniers, le programme des classes
n'a été gravé en traits plus pénétrants, plus vigoureux.

« 1° Faculté illimitée d'admettre sans cesse de nou-
« veaux associés ou adhérents.

« 2° Formation progressive du capital par le tra-
« vail; en autres termes, *commandite du travail par*
« *le travail...*

« 3° Participation de tous les associés à la direction
« de l'entreprise et aux bénéfices, dans les limites
« déterminées par l'acte social.

« 4° Travail aux pièces et salaire proportionnel.

« 5° Recrutement incessant de la société parmi les
« ouvriers qu'elle emploie en qualité d'auxiliaires.

« 6° Caisse de retraite et de secours formée par une
« retenue sur les salaires et les bénéfices.

« 7° Éducation progressive des apprentis.

« 8° Garantie mutuelle du travail, c'est-à-dire de
« fourniture et consommation, ainsi que de bon marché
« entre les diverses associations.

« 9° Publicité des écritures. »

Ce désaccord des esprits existera encore longtemps
sur la solution de la question ; la vérité est qu'il y a
dans le mouvement coopératif une tendance très-légitime, mais qu'il est du devoir des honnêtes gens de le
tempérer dans ses violences possibles, et de ne pas
grossir, par les complaisances de leur témoignage, des
illusions qui pourraient les perdre.

On comprend à merveille que des ouvriers s'associent, puisque l'association a pour but de décupler les
forces et n'a jamais mieux sa raison d'être que là où les
forces manquent. Mais pour que l'association soit utile,
il faut qu'elle ne soit ni obligatoire, ni violente, qu'elle
reste spontanée et facultative ; même dans ces conditions, il est bon de ne pas trop attendre des sociétés
coopératives. Ces sages défiances serviront à éviter les
mécomptes et à conjurer les désastres.

Dans une société on a une tendance assez générale
à ne voir que les bénéfices : des pertes, on n'en parle
jamais ; il semble qu'il n'y a qu'à se réunir pour faire
fortune ; c'est une erreur contre laquelle on ne saurait
trop se prémunir. Pour une entreprise qui amène de
beaux résultats, combien d'autres tombent en dissolu-

tion, se liquident par une faillite et n'engendrent que ruine, là où on n'entrevoyait que richesse. Ils se trompent en affaires ceux-là qui ne mettent pas chaque jour et à tout propos le *doit* en face de l'*avoir*.

Pour que la société coopérative ne se perde pas elle-même, il faut aussi qu'elle ne dédaigne pas le salariat. Le salariat n'a rien de vil et de méprisable en lui-même. Il est une forme de l'association, forme générale qui, en s'appliquant à tout le monde, ne peut blesser personne. Dans chaque ordre de travail, supérieur ou non, quel est celui qui, sous une forme ou sous une autre, ne reçoit pas une rémunération? L'écrivain, par exemple, si distinct que soit son travail du travail manuel, reçoit un salaire fixe, ou bien ouvre, avec son éditeur, un compte à demi; au fond, la solution est la même, et les auteurs ne sont pas rares, qui préfèrent encore la fixité du salaire à l'éventualité des bénéfices.

Il y a encore un préjugé dont les ouvriers doivent soigneusement se garder. Ils sont portés à dédaigner le patron et le capital. Que pourrait-on faire sans eux? La part du capital est d'autant plus sacrée qu'elle n'est que le produit du travail, et qu'à peine de condamner la source elle-même de la richesse, il est indispensable de reconnaître la légitimité et la valeur de ce capital. Combien ne serait-il pas inconséquent et téméraire de dénier au capital le droit d'intervenir, alors que sa présence peut seule assurer le succès des entreprises?

Ce n'est qu'à ces conditions que la question économique se présente sans danger.

Il convient d'ajouter que la question politique se mêle pour une large part à ce sujet, et qu'elle constitue une crainte pour les uns et une espérance pour les autres. La coopération s'étend à tout : elle embrasse tous les actes de la vie humaine et s'adresse à tous les rangs de la société. Le Gouvernement a compris que c'était un avantage illusoire que de permettre la coopération sans accorder le droit de réunion. Que de fois déjà n'avait-on pas remarqué dans les lois sur les coalitions, que le maintien des lois si rigoureuses du Code pénal, qui défendent à plus de vingt personnes de se réunir, enlevait d'une main ce qu'on accordait de l'autre. La même remarque s'accentuait ici avec plus d'évidence encore et nécessitait cette promesse de l'Empereur : « Que l'autorisation de se réunir serait accor- « dée à tous ceux qui, en dehors de la politique, voudront « délibérer sur leurs intérêts industriels ou commer- « ciaux. » Il est certain que dans un pays qui se prétend libéral, l'art. 291 du Code pénal choque le sens commun et froisse les moins ombrageuses susceptibilités. Il ne vit même que grâce à une tolérance inévitable. Où en serait-on si on l'appliquait dans la rigueur de ses termes ?

Nous sommes les premiers à reconnaître, d'un autre côté, qu'un gouvernement soucieux de ses intérêts et de la tranquillité publique ne doit pas permettre l'existence des clubs où tout le monde (et à propos de tout) peut, à chaque instant, discuter les plus graves questions politiques, et jusqu'à l'existence même de la dynastie régnante. Ces clubs ne seraient qu'un foyer d'agitation et une école pour l'émeute.

Mais entre la rigueur de nos lois et la licence des réunions publiques, il y a place pour une loi libérale, conciliatrice de tous les intérêts; il est à regretter que la promesse impériale, si libérale en elle-même, ait eu seulement pour tout résultat d'amener une circulaire du ministre aux préfets, dans laquelle une plus grande tolérance leur est recommandée à l'égard des sociétés coopératives. Franchement, c'est peu de chose; à vrai dire, ce n'est rien de certain. Tant qu'à faire quelque chose, c'était une loi qu'il fallait.

Au milieu de ces horizons variés de la question coopérative — horizon social, horizon économique, juridique et politique, — l'observateur impartial voit une puissance qui germe et qui se développe. Le législateur doit régler ce mouvement sans défiances, sans appréhensions. La sévérité gouvernementale doit se détendre avec prudence, mais sans marchander la facilité légale de se réunir loyalement. Les publicistes qui entretiennent des illusions trompeuses chez les ouvriers sont vraiment coupables. Ici comme partout, la réserve et le bon conseil sont encore ce qu'il y a de meilleur.

TITRE III. — **Y a-t-il lieu de faire une loi nouvelle sur les Sociétés coopératives? — De la liberté absolue des conventions. — Des différents projets de loi proposés.**

L'opinion des ouvriers ou de leurs représentants sur

l'opportunité d'une loi nouvelle a varié d'une manière très-curieuse. Lors du premier mouvement d'engouement, ils ont demandé vivement une loi organique sur les sociétés coopératives. A les entendre, on ne pouvait pas faire un pas sans cela ; puis, tout à coup, brusquement, mus par des considérations politiques, ils ont réclamé le *statu quo* avec la même ardeur. Un comité, qu'on a appelé le *Comité des Seize*, qui s'était formé pour rédiger des statuts modèles, pétitionna en ce sens ; quarante-huit gérants ou membres influents de la classe ouvrière déclarèrent que ce serait aggraver leur situation et non l'améliorer que d'enfermer le mouvement coopératif dans le cadre d'une loi d'exception ; que ces sortes de loi, pouvant être facilement abrogées, les associations se trouveraient fatalement, par ce fait, placées sous la menace permanente d'une dissolution générale, que les lois actuelles étaient trop restrictives assurément, mais que si l'on devait modifier la législation en établissant deux classes, deux catégories entre les citoyens, ils aimeraient mieux encore s'en tenir au présent.

Quelle cause avait pu produire dans les esprits un revirement aussi radical ?

C'était, avant tout, une pensée de défiance. Les ouvriers ont craint qu'on ne fît des sociétés coopératives des sociétés déterminées ; qu'on ne les parquât dans un moule uniforme, et qu'on ne les confinât dans une sphère infranchissable. Cette crainte était erronée, nous le croyons du moins, mais la pensée en elle-même est trop légitime pour ne pas être approuvée ; rien ne serait plus dangereux que de resserrer les classes ouvrières dans une législation spéciale, de même que rien ne serait plus fatal que de les refouler dans des habitations séparées ou de les caserner dans des cités ouvrières. Le pire de tout serait de former ainsi des castes dans un milieu social qui doit, au contraire, fusionner toutes les conditions.

Ceux qui dirigeaient ce mouvement de défiance à l'encontre d'une loi nouvelle ne manquaient pas de faire remarquer que la loi du 25 mai 1864 sur les coalitions, était elle-même une arme à deux tranchants ; ils ajoutaient qu'il fallait à tout prix éviter de fonder des sociétés coopératives qui seraient une espèce nouvelle de sociétés de secours mutuels dans lesquelles le Gouvernement interviendrait encore pour exercer sa haute tutelle, soit en nommant les présidents, soit en dissolvant les assemblées.

Ces critiques se manifestaient non-seulement à l'adresse du Gouvernement, mais encore envers les hommes compétents qui cherchaient à faciliter le mouvement coopératif par leur influence et leur conseil. Des deux côtés l'ouvrier redoutait un maître et revendiquait pour lui seul le droit et les moyens d'arriver à son émancipation.

Il y eut, enfin, un mot dont on abusa étrangement. On se grisa de l'expression *droit commun*, et on la répéta d'autant mieux qu'elle parut résoudre le problème. Elle signifiait quelque chose dans l'hypothèse d'une loi restrictive, mais dans l'absence de loi ce n'était guère qu'un mot qui, ne donnant aucune liberté réelle, était purement et simplement synonyme ou de *restriction* ou de *solidarité,* choses qui ne semblaient pas du goût des ouvriers eux-mêmes.

Toutes ces appréhensions sont, en partie, passées aujourd'hui. On est revenu à la pensée de faire une loi, et cette solution repose sur des raisons sérieuses. La société coopérative est bien véritablement une innovation de notre époque : son origine est moderne, et le besoin qu'elle satisfait est nouveau. Les associés qu'elle réunit ne sont pas des associés ordinaires, puisqu'ils n'ont pas de capital ; la nature des opérations est, de son côté, en harmonie avec le personnel de la société. Que de gênes et d'impossibilités si nous sommes obligés d'appliquer à cette société particulière des règles faites pour des sociétés différentes !

Pourra-t-on considérer comme un apport de commandite le simple travail de l'associé ? Accordera-t-on aux sociétés coopératives le droit de se diviser en actions ? Si oui, est-il sage de maintenir à 100 francs le chiffre des actions et d'adopter pour les petites bourses la règle qu'on adopte pour les sociétés à millions ? Si oui, peut-on encore forcer l'ouvrier à souscrire dès le premier jour la totalité d'un capital qu'il n'a pas et, surtout, à payer en une seule fois le quart de ce capital, lui qui ne pourra le réaliser que sou à sou, en le prélevant sur ses économies quotidiennes ou le retenant sur ses salaires ?

Si l'on reconnaît aux ouvriers le droit de s'administrer eux-mêmes, exigera-t-on des administrateurs
qu'ils soient propriétaires du vingtième du capital social, etc., etc.?

Tous ces points d'interrogation sont autant de considérations qui justifient la création d'une loi; on en est
plus convaincu encore quand on considère les biais, les
moyens détournés, les subterfuges de prévoyance de
toute espèce que quantité de sociétés ont dû pratiquer
pour concilier la légalité de leur existence avec la libre
expression de leur volonté.

Aucun esprit ne doit demeurer insensible à la force de
ces raisons, mais cependant le projet de loi du Gouvernement a éclaté prématurément.

La question n'est pas élucidée; l'engouement subit
qu'on a eu pour les sociétés s'est à peine calmé, le
temps, l'expérience et l'usage ne sont pas venus mûrir
la question nouvelle. En France, on a, en général, une
tendance à légiférer trop vite. Récemment, par exemple,
n'a-t-on pas fait une loi précipitée sur les chèques, loi
qui, selon toute vraisemblance, aura plutôt pour effet
d'en paralyser l'essor que d'en propager l'action ! Combien n'eut-il pas été meilleur de temporiser? Cette même
réflexion ne s'adapte pas moins aux sociétés qu'on re-
manie tant depuis quelques années. On a fait la loi de
1856 qui a été détruite par la loi de 1863, et on reboule-
verse tout aujourd'hui. Est-ce que dans de si courts intervalles de temps l'expérience a vraiment la possibilité
de se prononcer? Pourquoi ne pas suivre le mouvement

des mœurs et les tendances commerciales, plutôt que de s'obstiner à les diriger à l'avance, ce qui risque de les retarder ou les faire dévier? Cette impatience du législateur, qui se renouvelle périodiquement, cause toujours quelques inquiétudes dans les intérêts, inquiétudes qu'il serait bon d'éviter et qui ne tardent pas elles-mêmes à devenir un obstacle à l'amélioration des lois.

Il ne serait donc pas étonnant que, d'ici à quelques années, le législateur ne fût obligé de revenir à la charge pour les sociétés coopératives en particulier.

Quoi qu'il en soit, du moment qu'on est décidé à faire une loi dès à présent, quelles doivent en être les bases?

1° *Liberté des conventions.* — En se mettant à l'œuvre et abordant les détails, certains esprits se sont trouvés aux prises avec de telles difficultés, qu'ils ont résolu de démolir toutes nos lois sur les sociétés et d'adopter ce principe aussi facile que radical : « les associés feront « comme ils voudront ; — liberté absolue des conven- « tions. » Cette idée d'abord timide, n'a pas tardé, à cause de sa simplicité apparente, à gagner beaucoup de terrain. Elle s'est fortifiée d'un argument d'analogie et d'une démonstration historique.

On a assimilé la société au contrat de mariage. L'art. 1387 du Code civil dit : « la loi ne régit l'associa- « tion conjugale qu'à défaut de conventions spéciales, « que les époux peuvent faire comme ils le jugent à « propos, pourvu qu'elles ne soient pas contraires aux « bonnes mœurs. » Le mariage est une société. Pour-

7

quoi ne pas appliquer la même règle aux autres sociétés?

On ajoute que la marche progressive de la législation
pousse de ce côté. Jadis il n'y avait qu'un type social,
la société en nom collectif, la responsabilité solidaire et
indéfinie ; le législateur n'a pas tardé à se relâcher de
cette rigueur incompatible avec la latitude dont le commerce a besoin ; il a créé la commandite où le gérant
seul demeure responsable. Il est allé plus loin. Il a fini
par permettre les sociétés à responsabilité limitée, où
chacun ne répond que jusqu'à concurrence d'une
somme déterminée.

Dans un autre ordre d'idées, la société anonyme n'é-
tait possible qu'après autorisation. L'anonymat va devenir libre. Vous voyez bien, dit-on, que la sévérité
de la législation a été obligée de fléchir, de s'assouplir à la pratique, de se plier aux volontés individuelles.
Le dernier mot du système, c'est la liberté franche et
radicale.

Ces deux raisonnements sont loin d'être aussi pro-
bants qu'ils le paraissent.

L'analogie des *sociétés* avec le contrat de mariage
n'est nullement convaincante. On se laisse tromper par
le mot *société conjugale :* mais réfléchissons ! Y a-t-il
comparaison fondée entre l'association de deux époux
qui mettent leur patrimoine, relativement restreint, en
commun, qui le fusionnent pour vivre ensemble plutôt
que pour commercer, et ces sociétés nombreuses dont
le but unique est de trafiquer et de gagner ? La pensée

et le but des institutions se ressemblent-ils ? Leurs relations avec les tiers sont-elles identiques ?

D'ailleurs, dans le contrat de mariage lui-même, le
régime préféré de la loi, la communauté légale, nous
offre précisément l'exemple de la responsabilité qu'on
s'efforce de fuir. Toutes les fois que la communauté est
engagée, le mari l'est, par cela même, personnellement
et sur la totalité de son patrimoine. La pensée du législateur maintient donc, dans le contrat le plus libre de
tous, la responsabilité indéfinie de celui qui gère.

Il y a enfin un article capital dans le Code, qui dé-
fend de confondre le contrat de mariage avec les autres
sociétés. L'art. 1395 dit : « Les conventions matrimo-
« niales ne peuvent recevoir aucun changement après la
« célébration du mariage. » Il y a donc deux principes
dans le contrat de mariage qui sont des dogmes indes-
tructibles, l'indissolubilité du mariage et l'incommuta-
bilité des conventions. Quel rapport a-t-il, par conséquent, avec les autres sociétés ? Dans le pacte conjugal,
comme on l'a dit spirituellement, le capital commun
n'est pas variable et surtout le personnel ne doit pas
être mobile. Fixe dès le premier jour, invariable, est-il
étonnant qu'il ne soit pas réglementé à l'instar de ces
sociétés pécuniaires et commerciales qui changent leurs
associés, modifient leurs opérations, cessent et recom-
mencent de vivre à chaque instant ?

On insiste et on dit : Le Code de commerce renferme trois ou quatre types de sociétés. Si chacun est
susceptible d'être adopté, pourquoi serait-il dangereux

de les adopter tous en les mélangeant à volonté? Le contrat de mariage, cette fois, en offre bien l'exemple, puisque les époux ont le plein pouvoir de combiner les régimes les plus divers.

Cet argument vaudrait mieux que le précédent, mais voici l'inconvénient qu'il aurait. Aujourd'hui un mot suffit pour résumer une société. Est-elle en nom collectif, en commandite, anonyme, on voit immédiatement et par un seul mot de qualification quelle elle est. Autrement, on ne le saurait qu'après avoir pris une connaissance approfondie des statuts, depuis la première lettre jusqu'à la dernière. Ajoutons que si certains types sont trop étroits, on peut les élargir, qu'il serait loisible à la rigueur, par exemple, de ne faire peser sur les gérants des commandites que la responsabilité du mandataire; si des extensions sont jugées nécessaires, on éviterait ainsi, du moins, de jeter le trouble et la confusion dans les divers genres de sociétés.

Reste maintenant l'argument historique, qu'on retourne très-facilement. Quelle est la vérité? la pensée première, la constitution primordiale d'une société? C'est la responsabilité solidaire. Vous agissez, eh bien vous répondrez de vos actes. Un seul agit, lui seul répondra. C'est la loi de l'homme ; c'est en même temps le frein qui le retient dans ses précipitations et l'arrête dans ses légèretés. On a dévié de cette sévérité ; ce n'est pas une raison pour y renoncer tout-à-fait. Si les mœurs sont evenues moins sévères, le législateur n'aurait pas rai-

son de faiblir outre mesure. La commandite, c'est déjà
une faveur exceptionnelle! Vous ne pouvez pas demander plus, comme un droit. Songez qu'une société doit
être traitée par la justice comme une personne ordinaire ; admettriez-vous qu'un individu ne répondît pas
pleinement de ses actes? Pourquoi aurait-on plus de
complaisances pour le gérant d'une société? On perd de
vue qu'une société, en tant que personne morale et formant un être séparé, ne reçoit la vie que de la volonté
du législateur. Il est donc tout simple que la loi
apporte une restriction aux facilités qu'elle accorde et
qu'il y ait un autre élément à considérer que la volonté
des associés.

Où s'arrêterait-on, d'ailleurs, dans la voie de cette
liberté sans bornes? Il y a des gens qui se plaignent
des précautions des lois de 1856 et de 1863 comme
d'autant d'entraves au commerce et de violations de
la liberté individuelle. En ce monde, il faut pourtant
voir autre chose que les affaires et l'industrie. Il
n'est pas mal de songer un peu à la moralité des
entreprises et à la loyauté des engagements! Qu'y a-t-
il donc de déraisonnable à exiger que, pour la fondation d'une société, la totalité du capital social soit
souscrite ; que le versement du quart soit effectué; que
les actions restent nominatives jusqu'à leur entière
souscription ; qu'elles ne soient négociables qu'après
versement des deux cinquièmes. Qu'y a-t-il même d'é-
trange à ce que les membres du conseil de surveillance
soient indéfiniment responsables de la distribution des

dividendes fictifs? On se récrie contre la dureté de la loi. Une loi dure, celle qui met à votre charge une distribution de bénéfices qui n'existe pas, dont vous avez *connaissance*, qui est faite ou consentie par vous, *sciemment!* En vérité, ce qu'on veut, c'est donc la faculté d'être impunément fripon! — Il n'y a pas lieu de biffer d'un trait de plume le principe des lois de 1856 et de 1863 ; on a beau dire qu'elles n'ont prévenu aucune fraude et empêché aucune affaire véreuse. Qu'en sait-on? On connaît les déloyautés qui se sont commises malgré elles. On oublie celles qui, grâce à leur existence, ne se sont pas produites. Ce sont deux éléments de discussion inséparables. C'est tronquer la question que de s'obstiner à n'en apercevoir qu'un...

Ces réflexions sont si puissantes, que, parmi les partisans du système que nous réfutons, les uns ne veulent de liberté totale que pour les sociétés autres que les sociétés par actions. Cette timidité, jusqu'à un certain point inconséquente, démontre bien que la voie où ils s'engagent renferme de sérieux périls.

2° Projet de loi du Gouvernement. — Si la liberté entière des conventions n'est pas praticable, si les lois actuelles sont trop répressives, quelle loi serait donc à faire?

Le Gouvernement a déposé un projet. Mais ce projet a subi des attaques si nombreuses et si justes qu'il n'en est plus rien resté.

L'article 51 de la nouvelle loi sur les sociétés commence par définir les sociétés de coopération ; ce sont celles, dit-il, qui ont pour objet :

« Soit d'acheter pour vendre aux associés des objets
« nécessaires aux besoins de la vie ou aux travaux de
« leur industrie ;

« Soit d'ouvrir aux associés des crédits et de leur
« faire des prêts ;

« Soit d'établir pour les associés des ateliers de tra-
« vail en commun, et d'en vendre les produits soit
« collectivement, soit personnellement. »

Cette décision est périlleuse à l'extrême. Voilà la
coopération confinée dans trois moules dont elle ne
peut sortir. Elle naît à peine, elle ne pourra pas
briser ses langes. Il saute aux yeux que non-seulement dans l'avenir, mais même dans le présent, il y a
bon nombre de sociétés coopératives qui ne rentrent
pas dans le cercle de l'article gouvernemental. Dans
quelle catégorie rangerait-on, par exemple, une société
de construction? Décidément la porte ouverte par le
législateur est trop petite.

L'article 51 est encore limitatif à l'excès, lorsqu'il semble défendre à ces sociétés, d'une manière absolue, de
vendre aux non-associés. Pourquoi cette entrave à la prospérité de l'entreprise? C'est tarir une source légitime de
bénéfice, condamner à l'immobilité un capital qui, faute
de produire et de vendre ses produits, est exposé à sa
perte. Comment, entre autres, imposer la conservation
en magasin de marchandises qui se détruisent et se dé-
tériorent, par cette seule raison théorique que ces sociétés ne doivent pas vendre au public?

On comprend que les honorables auteurs du projet

de loi n'ont été amenés à cette définition, que par cela
même qu'on formait un titre spécial aux sociétés
coopératives, et qu'il était utile de les différencier *a
priori* de toutes les autres. Mais l'étude et la discussion
ont surabondamment démontré que toute définition de
ce genre était impossible, parce que la coopération,
loin d'être une société à part, n'est qu'un mode d'activité qui rentre dans les sociétés connues. C'est pour
cela qu'il serait très-désirable qu'une loi faite pour les
sociétés coopératives allât jusqu'à n'en pas prononcer
le mot. Le but serait atteint tout entier si, en élargis-
sant sous certains rapports les types des sociétés existantes, on permettait, par ces innovations, aux sociétés coopératives de se développer à l'aise. Il en résul-
terait qu'on éluderait la difficulté considérable de faire
une loi spéciale, et qu'en légiférant pour toutes sociétés on accorderait aux grandes comme aux petites
les facilités conciliables avec l'honnêteté et la morale
publiques.

L'article 51 (*in fine* du projet) énonce qu'il modifie
sur certains points le droit commun. Quels sont ces
points? Ils se ramènent à trois ou quatre, et on va voir
que la plupart d'entre eux, quelque désirables qu'ils
soient, accordent moins en réalité qu'en apparence.

Les articles 52 et 54 permettent ce qu'on a appelé
d'un mot : *la variabilité du capital* (sauf la fixation
d'un minimum statutaire) et *la mobilité du personnel*.
Ces deux choses sont essentielles dans une société
d'ouvriers. Ce qui fait leur force, c'est le nombre, qui

vacille toujours entre le plus ou le moins, et suivant ces oscillations fait hausser ou baisser le montant du capital social. Où en serait-on, si pour chaque modification du capital ou changement du personnel il fallait reconstituer la société à nouveau ?

Mais cette faculté existe dans toute société. On peut toujours augmenter ou diminuer son capital ainsi que son personnel. Il n'y a pas besoin de loi spéciale pour le permettre. Toutes les sociétés le faisaient jusqu'ici, avec quelque gêne il est vrai, à cause de la publicité qui était nécessaire, mais sans aucun obstacle de droit.

L'article 55 permet aux sociétés coopératives, quelle que soit leur forme, d'ester en justice par leurs administrateurs. La pensée est bonne ; il est désirable à cet égard que les sociétés civiles soient traitées comme les sociétés commerciales ; mais la concession est minime, quoique juste, parce qu'elle n'accorde quelque chose qu'aux sociétés coopératives civiles, toute société commerciale jouissant déjà de cette faculté.

L'article 63 est, il me semble, la disposition la plus importante du projet ; il en est pour ainsi dire l'écueil. Il autorise les sociétés coopératives qui sont en commandite par actions ou anonymes à créer des actions au-dessous de cent francs. C'est une dérogation aux lois de 1856 et de 1863 ; mais il y revient en exigeant la souscription du capital social et le versement du quart pour la validité de la société. Nous avons dit combien cette diminution du taux de l'action était illogique et dangereuse.

Les articles 57, 58, 59 et 60 organisent la publicité et en exonèrent ce qui a trait, soit à la variabilité du capital, soit à la mobilité du personnel. Tout le monde paraît d'accord pour modifier le régime actuel de publicité, mais on diffère quant aux systèmes pratiques. Nous en reparlerons tout à l'heure.

3° *Limitation du capital social*. — C'est en face de ce projet très-attaqué et très-attaquable (1), que les économistes et publicistes ont cherché, à leur tour, à édifier une autre loi qui consisterait à limiter le capital social.

Voici comment on justifie cette opinion :

La force d'une société est bien l'un de ses caractères principaux ; il n'y a pas de symptômes plus précis, de baromètre plus sûr que de s'attacher au chiffre du capital social. Quel chiffre ? Il est arbitraire ; mais mettons 100,000 fr., chiffre rond. Ce que nous réglementerons ne sera donc pas les sociétés coopératives proprement dites, mais les sociétés au-dessous de 100,000 fr. qui pourront être coopératives ou non ; au lieu de considérer la nature des opérations qui est insaisissable, nous envisagerons le capital social, et comme notre loi s'appliquera à toute société qui aura un capital au-dessous de 100,000 fr., elle n'est pas plus destinée à s'appliquer aux ouvriers qu'à tous autres. Alors, les sociétés partagées ainsi en deux

---

(1) Un second projet présenté par le Gouvernement a fait disparaître quelques-uns de ces divers inconvénients, mais a laissé subsister les autres.

classes, on accorde aux sociétés de moins de
100,000 fr. le petit cortége de priviléges que le projet du Gouvernement énumère : simplification de publicité, faculté d'ester en justice, coupures d'actions au-
dessous de 100 fr., et, surtout, variabilité du personnel
et mobilité du capital.

Ce système est assez ingénieux ; il avait déjà un
précédent dans la législation de 1856 qui, suivant que
le capital excède ou non 200,000 fr., fixe le minimum
des actions à 500 fr. ou à 100 fr.

On a fait cependant diverses objections contre cette
opinion. On a dit : que la fixation du capital de
100,000 fr. était arbitraire, que le jour où la société
prospérerait et dépasserait 100,000 fr., elle subirait
une transformation qui serait sa mort. Quelle raison
y a-t-il de lui créer des entraves au moment de sa prospérité? Pourquoi l'astreindre à se modifier de fond en
comble, et n'est-il pas à craindre qu'on ne crée dans
sa durée un âge critique qui mettra son existence
en péril au moment où elle fera *peau neuve?* On a ajouté
que ne reconnaître que deux types de sociétés, au-
dessus et au-dessous de 100,000 fr., c'était exclure
pour ces dernières l'élément *capital* et légiférer pour
les ouvriers seulement. On a objecté, enfin, que les ouvriers ne manqueront pas de prétendre qu'on pose, pour
ainsi dire, une barrière au développement de leur force
et de leur activité, et que c'est créer, à leur encontre,
une inégalité injustifiable.

Nous sommes obligé d'avouer que ces critiques

sont plus théoriques que pratiques. En fait, les sociétés au-dessous de 100,000 fr. sont et seront surtout dans l'avenir les plus nombreuses. Dans un ordre d'idées où la nature des opérations ne peut être distinguée, nous ne voyons rien de déraisonnable à ce que le législateur s'attache, pour le réglementer, au chiffre de l'importance pécuniaire, et nous sommes persuadé que les appréhensions qu'on conçoit, à l'occasion d'un changement futur de régime, sont plus chimériques que réelles. Il serait tout aussi juste de dire que les sociétés se mettront d'autant plus aisément en règle avec les prescriptions de la loi qu'elles auront acquis plus de force et de vitalité.

4.° *Limitation de la part individuelle de chaque associé.* — Une autre opinion fixe le caractère des sociétés coopératives à la limitation d'une part individuelle. Ce criterium est employé du reste dans la loi anglaise du 7 août 1862, dont l'art. 9 porte : « Aucun membre « n'aura le droit de prendre ou de se faire reconnaître « un intérêt excédant la somme de 200 livres ster- « ling. » Il est bien entendu, d'ailleurs, que cette limitation n'empêcherait pas l'associé d'employer l'excédant en un prêt qu'il ferait à la société ou de le verser dans plusieurs associations différentes.

Nous serions plus difficilement disposé à adopter ce système que le précédent. Il est beaucoup moins large et plus vexatoire. Nul doute qu'il ne serait même très-impopulaire dans le sein de la classe ouvrière, et avec raison. La limitation de 100,000 fr. comme capital, est générale ; elle ne blesse personne. Dire, au contraire, à l'associé : Ta part ira jusque-là, mais pas plus loin, c'est le froisser directement et personnellement dans ses intérêts les plus chers, et son désir bien avouable d'accroître son capital.

5° *Système qui présenterait le moins de difficultés.* — Ces systèmes différents, plus ou moins acceptables jusqu'à un certain point, ont tous cependant cet inconvénient, qu'ils s'évertuent de définir la société coopérative, et cette création d'une société *sui generis* est la source des plus réelles difficultés. Tout cela serait évité s'il était possible, grâce à quelques extensions de notre législation, d'ouvrir la porte à ces sociétés et d'assurer leur développement. A ces conditions il suffirait d'élargir le droit actuel, de le perfectionner dans un sens raisonnable et libéral, et le mot de *société coopérative* ne figurerait même pas dans nos lois.

Pour atteindre ce résultat, il faudrait réaliser quelques réformes, très-limitées d'ailleurs dans leur nombre, susceptibles de peu d'inconvénients et qui se retrouvent dans tous les projets. Seulement il serait digne d'un législateur sérieux d'aborder la question en face, de la généraliser et de faire profiter toutes les sociétés d'améliorations dont elles ont toutes également besoin.

Passons successivement en revue chacune de ces réformes relatives à la publicité, la faculté d'ester en justice, la variabilité du capital et mobilité du personnel, la responsabilité des gérants et l'immixtion des commanditaires.

La publicité. — Dans tous les projets on est d'accord pour reconnaître que la publicité actuelle est, sinon une impossibilité, au moins une gêne considérable. Telle qu'elle est, cependant, la gêne est encore plus fiscale que légale. Elle se résume dans des frais d'autant plus onéreux pour les sociétés qu'elles sont plus petites, et principalement imputables à l'administration. Ainsi, en province, il n'y a de publicité que dans un seul journal, ce qui coûte une dizaine de francs environ. A Paris, au contraire, l'extrait est publié dans quatre journaux de par la volonté administrative, ce qui coûte de 60 à 80 francs.

Ici deux considérations s'imposent : la première, c'est qu'il n'y a pas de raison pour faire varier la publicité suivant que la société serait coopérative ou non. La règle doit être la même.

La seconde, c'est que la publicité, loin d'être restreinte, doit être aussi large et étendue que possible ; d'où la question de savoir si la publicité du Code de commerce atteint son but.

La publicité de l'article 42 du Code de commerce consiste dans une remise de l'extrait des statuts au greffe du tribunal de commerce ; cet extrait est transcrit sur un registre et affiché pendant trois mois dans la salle d'audience ; elle consiste encore dans une insertion dans les journaux. Ce mode de publicité impose au commerçant la triple gêne de rédiger l'extrait ou, plus souvent, de le faire rédiger par un homme de loi, de le porter au tribunal de commerce, de le remettre à l'imprimerie. Ce sont ces formalités qui sont dispendieuses. Mais cette même publicité est, en outre, profondément dérisoire. Quel est celui qui, pour connaître une société, va lire l'extrait affiché qui est renfermé dans une grille et qu'on ne peut ni voir ni toucher? La quatrième page des journaux est-elle beaucoup plus commode? N'est-ce pas un dédale de petites et grandes affiches? Nous en sommes tous persuadés, ces deux prescriptions géminées produisent une publicité plus fictive que réelle.

Cet état de choses doit cesser. Il n'y a pas d'inconvénient sérieux à abolir ce qui existe. Bien des journaux, en province surtout, soutenus ou non par le patronage officiel, semi-officiel ou officieux de la préfecture ou de la sous-préfecture, ne vivent, sans doute, que grâce au produit des annonces. Qui ne leur retrancherait, sans regret, cette alimentation quotidienne? Si une feuille publique ne dure que par un moyen oblique, qu'elle tombe. Un journal de plus ou de moins, la chose importe peu ; et nous y aurons ce grand avantage que tous les journaux seront mis sur le pied d'une égalité parfaite, que l'un d'eux, favorisé par l'insertion plus cu moins arbitraire des actes publics et des annonces, ne trouvera pas, dans cette désignation privilégiée, la possibilité d'anéantir un journal rival.

Par quelle publicité remplacer la publicité actuelle? L'Angleterre va nous le dire.

En France, comme en Angleterre, pourquoi ne pas instituer un bureau de dépôt où tous les statuts seraient

déposés. Tout intéressé, et pour qu'il n'y ait pas d'équivoque sur la nature du mot intéressé, tout individu
quelconque, de neuf heures à quatre ou cinq heures de
tous les jours non fériés, pourrait, sur place et sans les
emporter, en prendre une communication gratuite. Il
y a plus. Les statuts seraient reproduits ou par l'imprimerie ou par la copie. La vente à tout le monde serait
obligatoire, moyennant un prix insignifiant, soit 50 c.
par exemplaire. Mieux encore : aucun acte social, prospectus, quittance, obligation, facture, n'émanerait de
la société sans indiquer l'endroit précis où ses statuts
sont déposés. (Cette prescription existe déjà, dans la
loi de 1863, sur les sociétés à responsabilité limitée.)

Le moyen n'est-il pas à la fois plus simple et plus
sûr? Quant à dire quelle serait cette agence et à qui
elle serait confiée, ce sont des questions de détail sur
lesquelles on avouera qu'il serait facile de s'entendre.
Voulez-vous que les statuts soient déposés dans un
lieu central, qu'ils soient groupés chronologiquement,
comme le sont nos brevets d'invention au ministère des
travaux publics? Pourquoi pas? Mais il faut que la publicité soit encore locale, mise à la disposition de tous.
Les statuts seront déposés au greffe du tribunal de
chaque arrondissement où la société aura un siége social, un établissement, une succursale. Quel tribunal?
Assez naturellement, le tribunal de commerce, et là où
il n'y en a pas, le tribunal civil qui le supplée; au
besoin, au greffe de l'un et de l'autre.

Quelques esprits préféreraient que pour les grandes

villes, à Paris notamment, les statuts fussent déposés au greffe de la justice de paix de l'arrondissement du domicile social. On utiliserait, dit-on, ce greffe déjà existant qui rend moins de services qu'il ne devrait en rendre. Ce serait cependant là, croyons-nous, une entrave pour les tiers. On sait qu'une société existe à Paris. Faut-il parcourir successivement tous les greffes? N'est-il pas plus simple d'aller à coup sûr au greffe unique de ce tribunal de commerce où m'appellent souvent, d'ailleurs, et le mouvement des affaires en général, et la nature de mes propres opérations?

Ainsi, premier point, modification totale de la publicité commerciale. Remarquons encore une fois que cette réforme s'étend à toutes sociétés civiles et commerciales, et n'est nullement spéciale à la société coopérative.

Faculté d'ester en justice. — Nos lois ne s'expliquent pas expressément sur le droit qu'ont les sociétés d'ester en justice, dans la personne d'un ou plusieurs membres désignés, soit comme demandeurs, soit comme défendeurs. Ce droit, reconnu aux sociétés commerciales, continue d'être dénié par la jurisprudence aux sociétés civiles. Basée sur des raisons plus ou moins discutables, cette différence n'a certes pas de motif d'exister dans une législation perfectionnée. Comment! parce qu'une société a pris la forme civile, se livre à des opérations purement civiles, n'est ni en nom collectif, ni en commandite, ni anonyme, ni en participation, je ne puis la rappeler au respect judiciaire de

ses engagements qu'en assignant la totalité des associés *ut singuli*, et non pas *ut universi*; il faut épar-
piller partout des actes judiciaires éminemment dispendieux, au lieu de les concentrer contre un adversaire
unique, gardien général des droits et actions de la
société! C'est intolérable.

Donc, faculté pour les sociétés civiles, d emême que
pour les so ciétés commerciales, d'ester en justice
dans la personne d'un administrateur ou gérant. Plutôt que de ne pas atteindre ce résultat, il vaudrait
mieux aller jusqu'à dire qu'en l'absence d'un administrateur connu, chaque associé représente tous les
autres, par une sorte de mandat qu'ils se sont respectivement donné de contracter des obligations mutuelles.

Notons toujours que nous ne prononçons même pas
le nom de sociétés coopératives et que le perfctionne-
ment introduit dans la législation générale rejaillit, par
un contre-coup direct, sur les sociétés coopératives
qui préféreraient adopter la forme civile. Cette modification figure d'ailleurs expressément dans le projet
du Gouvernement, mais elle a le tort de ne s'y appliquer qu'à la coopération seule.

Variabilité du capital et mobilité du personnel. —
Cette double idée préoccupe, entre toutes, les esprits
qui ont étudié les sociétés coopératives. Est-elle aussi
difficile et importante qu'on le croit? et, surtout, est-il
dans sa nature de se rattacher spécialement et exclusivement à la société coopérative? On comprend à mer-

veille que la société coopérative ne forme son patrimoine social que peu à peu. C'est un léger flot de
petites mises successives. Au début le capital est en
germe plutôt que réalisé. La bourse est ouverte, mais
ses forces sont faibles; elle ne grossira qu'avec le
temps. D'un autre côté, le va-et-vient du personnel doit
être incessant : les mécontents se retirent; les associés
persévérants demeurent. Il en arrive de nouveaux, désireux d'obéir à de bons conseils d'épargne et d'économie. La mort elle-même fait d'inévitables vides.
Donc la mobilité du capital et du personnel est fatale.

Mais cette double condition n'est-elle pas, du plus
au moins, celle de toutes les sociétés actuelles? Une
société quelconque se fonde : elle doit déterminer le
montant de son capital ; elle fixe celui qu'elle veut et
qu'elle possède. Peut-elle le diminuer et l'augmenter
pour l'avenir? Incontestablement. Qu'a-t-elle à faire
pour cela? Uniquement, publier les modifications qu'elle
adopte. De même pour son personnel. Des associés se
retirent ou se remplacent très-régulièrement, par cela
seul que les statuts ne l'interdisent pas d'abord, et que
les noms nouveaux sont publiés à la place des noms anciens. Il est donc acquis qu'aujourd'hui chaque société
fait varier son personnel et son capital, sous la charge
expresse, mais unique, de rendre ces variations publiques.

Or, nous avons reconnu que la publicité du Code de
commerce était une entrave. Elle est plus onéreuse
encore quand elle s'applique, non plus à la création

même de la société, mais aux oscillations de son existence. Elle serait vexatoire entre toutes le jour où elle
réglementerait les sociétés coopératives, qui, tous les
trois ou six mois, auraient à remplir un tissu de formalités dispendieuses. Ces remarques sont frappantes
de vérité. Mais elles disparaissent avec la publicité nouvelle qu'on adopterait. La variabilité du capital et la
mobilité du personnel dérivent de la seule question de
publicité.

En poussant les choses à l'extrême, quelques esprits
proposent d'exempter ces variations de toute publicité.
Il suffirait de dire, dans les statuts primordiaux, que la
société est à capital variable et à personnel mobile.
Les tiers seraient prévenus de la possibilité de changements; à eux désormais à se renseigner, s'ils le veulent, sauf à ne pas contracter, s'ils conservent du doute
ou de la défiance. C'est le système du projet gouvernemental. Cette solution est trop hardie. D'abord la faculté
de faire varier le capital et le personnel est de droit : il
n'est nullement besoin de l'insérer dans les statuts ou
dans la loi; puis la publicité est la meilleure sauve-
garde contre les abus, et il est sage de l'étendre le plus
possible. Si elle est jugée nécessaire pour les statuts
primitifs, de quel droit les modifications partielles
échapperaient-elles à la même réglementation? Ces
changements de détail successifs finissent par déna-
turer complétement les caractères originaires de la
société. Il est bon que les tiers les connaissent, qu'ils
sachent avec qui ils contractent. La publicité première

serait même la source d'erreurs regrettables ou d'incertitudes continuelles, puisque la liste primitive des associés serait, au bout de peu de temps, complétement modifiée et contribuerait à tromper le public qui la consulte. Est-il donc si difficile, d'ailleurs, de joindre ces modifications qui, prises en assemblée générale, n'auront lieu que trois ou quatre fois par an au plus, de les joindre, de les annexer aux documents antérieurs! On le voit, une publicité nouvelle, introduite dans nos lois, enlève les difficultés pratiques qu'on avait jusqu'ici à faire varier le personnel et le capital; elle est de nature à convenir particulièrement aux sociétés coopératives; elle donne satisfaction à tous les besoins, sans créer une catégorie spéciale de lois.

Pouvoir et responsabilité des gérants. — Il faut s'expliquer maintenant sur ce qui regarde la direction de la société et la responsabilité qu'elle implique.

. Les ouvriers ou leurs représentants critiquent la responsabilité personnelle, forcée et indéfinie du gérant. Ils veulent l'anéantir et mettre à la place une responsabilité ordinaire, appliquée dans les termes du droit commun, ou, pour mieux dire, du mandat. La réforme est considérable; car elle fait disparaître l'élément personnel pour ne retenir, comme garantie des tiers, que l'élément pécuniaire social. En d'autres termes, elle substitue la société anonyme libre et sans conditions légales, à la société en commandite. Faut-il accéder à ce vœu? Les associés coopératifs le formulent en grande partie, peut-être parce qu'il leur est difficile de trouver dans leur personnel un gérant assez osé et assez riche pour charger ses épaules du fardeau d'une aussi large responsabilité. Ils le veulent encore, parce qu'ils ont le vif désir de ne pas cantonner la gérance dans les pouvoirs exclusifs d'une ou plusieurs personnes déterminées. Ils sont bien aises de se mêler activement à la direction de l'entreprise sans avoir à redouter les périls de ce que nos lois appellent l'immixtion. Ils repoussent l'omnipotence du gérant comme un germe de gouvernement monarchique, incompatible avec leurs idées égalitaires. Ils souhaitent enfin, dans la raison sociale de leur société, de substituer au nom individuel d'un gérant unique, une dénomination générale et collective empruntée à la classe du personnel ou à la nature des opérations de l'association. Voilà leurs motifs, que valent-ils ?

Le pouvoir du gérant, sanctionné et garanti par une responsabilité indéfinie, on doit être vivement disposé à le maintenir. Pourquoi ? parce que, en fait de surveillance, rien ne vaut l'œil du maître ; parce qu'on ne travaille bien qu'autant qu'on est personnellement intéressé. Or, à moins de supposer un gérant nettement malhonnête et infidèle, il apportera une circonspection, une vigilance plus grande dans ses actes, résolutions et démarches, s'il est responsable jusque sur le dernier sou de sa fortune, que s'il n'est punissable que d'une faute et d'une culpabilité prouvées. Cette considération saute aux yeux. Mais la gérance, dans ces conditions de responsabilité, est une garantie pour les succès de l'entreprise elle-même et l'intérêt des ouvriers qui la forment. L'intervention d'un gérant tel qu'il existe dans nos lois, c'est encore la conciliation du capital qu'il possède et du travail des autres associés, qui se proposent précisément de faire fructifier ce capital. Pourquoi faire fi de cette force acquise et réalisée? Ce serait déraisonnable, puisque par là on paralyserait une puissance. Ce serait injuste, puisque ce capital n'est que la résultante antérieure d'un travail passé, et adroit, par conséquent, à tous les avantages du travail qui se manifeste actuellement ou qui germe pour l'avenir.

Mais l'idée la plus spécieuse qui se remue dans la réforme qu'on demande, c'est, il faut la craindre sans exagérer les dangers, l'affaiblissement d'une autorité quelconque dans la société. Rien n'importe plus à la société que d'assurer son fonctionnement régulier et calme par la constitution d'un chef qui, suivant ses vicissitudes, la dirige dans les phases de son existence et la conduise pacifiquement au but de sa création. Les défiances, les critiques ne doivent-elles pas tomber devant les surveillances et les contrôles nombreux et successifs que les associés ont le droit d'organiser en face du gérant? on est libre d'avoir recours à toutes sortes de précautions : qu'on les prenne. Ces considérations sont déterminantes. Cependant nous reconnaissons que la proposition demandée est loin d'être irréalisable. Après tout, le gérant a une mission, un mandat. On comprend, sans être choqué, le système légal qui confinerait la responsabilité dans l'exercice même de ce mandat. Pour satisfaire les esprits qui s'attachent à cette modification, il suffirait, sans créer de sociétés nouvelles, de décider que les pouvoirs du gérant seraient déterminés librement par les statuts. Afin de forcer les statuts à s'expliquer, il demeurerait bon de maintenir la responsabilité solidaire au cas où ils garderaient le silence sur ce point important.

En résumé donc, sur la responsabilité du gérant, nous préférons le principe de législation actuelle. Nous croyons cependant qu'il peut être changé sans inconvénients notables. Même dans ce cas, l'extension nouvelle devrait s'appliquer à toute société et ne pas se restreindre à la coopération.

Immixtion des commanditaires. — En ce qui touche l'immixtion, la ligne de démarcation entre la participation ou la non-participation aux affaires sociales n'est pas facile à établir. Ce serait une réforme désirable que de se relâcher de la sévérité jalouse du Code de commerce. Les praticiens savent combien de procès tendent à faire reconnaître l'immixtion, et, par suite, la responsabilité indéfinie du commanditaire. Cet inconvénient ne serait plus à redouter le jour où le gérant ne serait responsable que de sa faute ; mais, sous l'empire des lois actuelles, l'activité du commanditaire est trop étroitement bridée puisqu'il n'a que le droit de surveillance et de contrôle. Dans une société de travail, il devrait pouvoir travailler comme les autres, sans encourir les dangers de l'immixtion. Cette immixtion ne devrait donc alors résulter que de ce fait qu'il aurait pris la qualité de gérant ou qu'il aurait été la cause d'un engagement contracté par ou envers la société même, qu'il se serait mis, en un mot, en relations directes et principales avec les tiers.

Application de la commandite au travail. — A côté des pouvoirs du gérant, dont l'exposé de motifs, dans le projet du Gouvernement, ne parle pas, surgit une autre question capitale, à l'égard de laquelle le même projet est encore muet et qu'on s'étonne de voir oubliée dans la presque totalité des études sur les sociétes coopératives. Elle est le vif du sujet, le cœur de la difficulté, et le dernier mot des prétentions de la classe ouvrière. Qu'on l'adopte ou qu'on la rejette, il est indispensable d'en parler. C'est la possibilité légale de traiter le simple travail comme apport de commandite, de l'évaluer et de limiter la responsabilité du travailleur à cette évaluation. Ordinairement le commanditaire apporte une somme dans la société. Elle se chiffre par elle-même. On sait en même temps et la proportion des bénéfices qu'il touchera et le montant pour lequel il contribuera aux dettes. Mais le commanditaire n'apporte pas seulement une somme liquide : il apporte ou une chose, une valeur en nature, ou même son industrie ; soit la capacité de son intelligence, soit l'habileté de sa main. L'article 1853 du Code Napoléon le permet expressément : « A l'égard de celui qui n'a apporté que « son industrie, sa part dans les bénéfices ou dans « les pertes est réglée comme si sa mise eût été « égale à celle de l'associé qui a le moins apporté. »

Ne faut-il pas faire un pas de plus, le dernier, et accorder au simple travail le bénéfice de la commandite ? L'ouvrier dirait : Je n'ai rien, je n'ai que mes bras, mes muscles et ma bonne volonté ; les voilà, ils ont une valeur : tarifons-la. J'ai besoin d'un salaire régulier et quotidien pour vivre ; vous me le donnerez, mais je désire encourir la chance des bénéfices ou des pertes : associez-moi à l'entreprise pour une quote-part.

Un avocat à la Cour impériale de Paris, M. Jay, qui connaît parfaitement ces questions qu'il a pratiquement étudiées, et qui, lui, du moins, a pénétré par la pensée au fond des prétentions ouvrières, a proposé un article de loi ainsi conçu : « Dans toute société, quelle que soit sa « forme, le travail de l'industrie pourra être admis comme « apport de société sans évaluation préalable, et avoir, « en cette qualité, part aux opérations sociales et droit « aux bénéfices, suivant les stipulations des parties. « Lorsqu'il n'entraînera pas immixtion dans la gérance, « l'apport en travail ou en industrie ne sera tenu aux « pertes et aux dettes, même vis-à-vis des tiers, que « dans les limites et selon les termes des statuts. Les « clauses relatives à l'apport en travail ou en industrie, « et à la participation aux pertes seront publiées, etc. » Par quels raisonnements justifierait-on cette innovation radicale ? Certes, pourrait-on dire, le principe en lui-même n'a rien que de très-légitime. Tout travail est un capital, et tout capital est fruit d'un travail. Sans doute il y a, entre ces deux expressions génériques de la valeur, la différence du passé et du présent au futur, du résultat acquis à l'éventualité de l'avenir; mais est-ce une raison suffisante pour frapper le travail qui se propose, d'une fin de non-recevoir absolue? Le capital est liquide. L'écu d'argent est frappé au coin d'une évaluation toute faite. Mais, dans la nature des choses, troc contre troc, le bras qui féconde, vaut la monnaie qui circule. Avant la création de cette monnaie, le travail n'était-il pas le seul bien précieux de l'homme, l'unique mise sociale qu'il pût effectuer? Parce que, pour augmenter les transactions humaines et donner plus de commodité aux rapports économiques, on a inventé la fixité de la monnaie, convient-il de frustrer le travail de ses droits légitimes et antérieurs? Si le principe n'est pas faux en raison, la morale sociale est-elle du moins intéressée à ce qu'on ne l'applique pas? Non, au contraire. Le travail, de tout ordre et de toute nature, c'est le développement le plus salutaire et le plus conservateur de l'activité humaine. Pourquoi lui marchander une faveur qui n'est que justice? On s'effraye des mots, on dit que c'est là substitution de l'association au salariat; laissons le mot et voyons la chose. Un ouvrier travaille et gagne son salaire quotidien. Il a du courage, de l'habileté. Son patron est content de lui. Ces deux hommes s'associent. Tout le monde trouve que ce résultat est excellent. Le travail s'est ennobli. Le travailleur a monté d'un cran dans l'échelle sociale. C'est la juste récompense de sa valeur. Si cela est bien pour un individu en particulier, comment serait-il dangereux et mauvais de généraliser cette

solution et d'en étendre l'application? Il suffit de réflé-
chir pour que l'inconséquence de ces appréhensions soit
palpable.

Voilà les considérations sur lesquelles s'appuie le principe nouveau de M. Jay. Qu'en penser? Comprise en
ces termes, la commandite appliquée au travail est-
elle possible, réalisable? la nature des choses n'y fait-
elle pas obstacle?

Ce qu'il y a de sûr, c'est que notre législation n'a
jamais songé à cette solution. Le Code Napoléon et le
Code de commerce n'ont pas prévu ni pu prévoir l'état
actuel de la société. L'idée qui travaille si profondément
les penseurs d'aujourd'hui, d'associer non-seulement la
richesse pour l'accroître, mais encore la misère pour la
conjurer, cette idée n'a jamais pénétré dans nos lois.

Est-il bien sûr néanmoins que la commandite du travail soit impossible dans notre législation?

L'article 43 du Code de commerce s'y oppose plus
en apparence qu'en réalité. Il veut que l'extrait des
publications sociales indique « le *montant* des valeurs
« fournies ou à fournir. » Il serait téméraire d'en conclure que le travail, qui est une valeur, ne saurait servir
d'apport sous le prétexte qu'on ne peut, à cause de sa
nature, en publier le *montant*. Ce scrupule est excessif.
La loi elle-même permet l'apport de l'industrie; n'est-ce
pas la même chose que le travail usuel? et ne serait-il
pas déraisonnable de le prohiber par cette raison spécieuse que l'évaluation, au lieu d'être toute faite, est à
fixer par le libre arbitre des intéressés? Quant aux lois

subséquentes de 1856 et de 1863, elles parlent toujours de l'évaluation des apports, sans rien ajouter qui puisse utilement se référer à l'évaluation du simple travail.

Rien donc, en droit, ne s'oppose péremptoirement à ce qu'un associé, apportant son travail, le tarife d'accord avec ses coassociés, partage les bénéfices et contribue aux pertes d'après cette évaluation. Mais il est vrai de dire que cette marche, quelque licite qu'elle puisse être, se trouve pleine d'angoisses et d'incertitudes en présence des sévérités et des doutes de la jurisprudence sur ces questions ardues que les intérêts compromis redoutent si vivement d'aborder.

Est-il opportun que le législateur s'explique nettement et permette expressément au travail futur de se constituer en apport? Est-il bon de substituer la fixité du salariat aux hasards des exploitations?

M. Wolowski qui, lui aussi, a beaucoup étudié ces problèmes, pense qu'on ne peut pas trouver un étalon pour mesurer le travail, et qu'il n'y a qu'un moyen de l'évaluer, le salaire qu'il rapporte.

Une évaluation mathématique assurée est, en effet, impossible. Mais une évaluation approximative ne l'est pas. On pourrait dire qu'elle permettrait d'éclairer les tiers et leur suffirait d'autant mieux qu'ils font foi à un ensemble d'engagements et que cet ensemble reste le même au milieu des vicissitudes personnelles. Cependant, pour peu qu'on réfléchisse à l'arbitraire de ces approximations, aux facilités de duperie qu'il engendre, aux séductions qui le feront naître, aux déboires qui le suivront, on se décide à ne pas l'admettre. Sans doute le travail d'un ouvrier a, jusqu'à un certain point, un cours fixe et connu sur la place! Mais cet ouvrier subira des chômages involontaires; il recourra peut-être à la grève; même en travaillant il peut le faire avec apathie et mollesse. Le législateur, les juges, comme les intéressés, sont donc ballottés d'éventualités en éventualités. Ils n'ont rien pour asseoir leurs règles, leur jugement et leur conduite. Le terrain manque, pour ainsi dire, sous le pied.

Oh! sans doute, s'il y a des bénéfices, les choses iront à merveille. Qui sera récalcitrant pour toucher un dividende? On ne manquera pas, au dehors, de tirer argument de résultats si beaux; on les exagérera même. Mais cependant on ne peut pas, sans s'abuser, ne pas prévoir le revers de la médaille. S'il y a des pertes (et il y en aura quelquefois, sinon souvent), quelle sera la part de responsabilité de l'ouvrier? En fixer le quantum, c'est déjà difficile. Mais ce quantum proportionnel une fois fixé par les statuts sociaux, comment sera-t-il payé? L'ouvrier n'est pas riche; les trois quarts du temps il sera insolvable. Le créancier social aura-t-il le courage de faire vendre le patrimoine mesquin de ses débiteurs dans la misère; et, si la somme de cette triste vente demeure insuffisante pour payer la dette, va-t-il, cet impitoyable créancier, dix-huit siècles après l'avénement du christianisme, confisquer la vie et les bras de cet ouvrier honnête ou non, l'enchaîner à son service, et le condamner à demeurer, comme à Rome, son *servus pœnæ ?* Ce serait logique autant que cruel, autant qu'impossible.

On a si bien senti que de pareilles doctrines étaient irréalisables, qu'on a voulu restreindre les droits des créanciers à ce qui se trouverait dans la caisse sociale. Les mises du capitaliste y entreraient le premier jour de la société; celles des ouvriers y tomberaient goutte à goutte, formées qu'elles seraient par des économies hebdomadaires, des retenues mensuelles, etc. Mais, en tout cas, le créancier n'aurait action que sur les valeurs réalisées et versées. Si les tiers se contentent d'une pareille garantie, ils sont parfaitement libres. Mais s'en contenteront-ils? Et, au fond des choses, peut-on appeler un associé véritable celui qui n'apporte qu'une mise incomplète, s'engage à moitié à la parfaire, touchera certainement les bénéfices, s'il y en a, et ne manquera pas d'esquiver les pertes. Partout, nous trouvons, comme dernier mot, l'impossibilité et la contradiction.

Nous sommes donc autorisé à conclure que, s'il est possible de modifier la responsabilité des gérants, ce serait être imprudent et faire violence à la nature des choses que d'autoriser le travailleur à escompter l'avenir de son travail comme une valeur définitivement acquise.

Division du capital en actions et anonymat dans les sociétés coopératives. — Il reste maintenant à parler de la société en commandite par actions et de la société anonyme.

Les actions conviennent-elles aux sociétés ouvrières?
Le fractionnement du capital social en actions est, à la
fois, un levier qui facilite les entreprises et un danger
qui les menace. Les risques se divisent; la valeur sociale change de mains à chaque instant; sous ces rapports et sous bien d'autres, les avantages sont énormes.
Mais les inconvénients ne manquent pas. On les connaît
assez. Spécialement, le législateur se trouve ici en face
d'une gêne considérable. Dans des lois récentes (1856
et 1863), il a fixé le minimum des actions à un chiffre
relativement élevé. Il n'a pas voulu que les petites
bourses confiassent leur avoir à des spéculations incer-
taines. Si on consent à introduire l'action dans la société
coopérative, il est nécessaire d'en baisser le montant
jusqu'à la dernière limite, 10 fr., 25 fr. Comment
l'ouvrier pourrait-il prendre une action de 200 ou de
500 fr. ?

Le minimum ainsi modifié est une porte ouverte à
la violation continue des lois de 1856 et de 1863. Les
motifs qui les ont fait établir, quant au quantum de
l'action, subsistent, mais leur effet se trouve détruit
par la latitude qu'on donne aux sociétés coopératives.
Si encore ces sociétés se parquaient bien dans un genre
déterminé et n'envahissaient pas les sociétés voisines !
Mais non, la coopération s'applique à tout. Est-il sage,
dès lors, pour le seul bien de cette catégorie nouvelle
d'association, de méconnaître indirectement les précautions salutaires que des motifs puissants ont inspirées au
législateur du passé?

Les hommes versés dans ces questions ouvrières doutent beaucoup, d'ailleurs, que l'*action* soit propice à la coopération. Ils craignent que cette *action* ne repose sur un capital plus ou moins nominal, qu'elle n'emprunte sa valeur à la réclame ou à l'engoûment, plutôt qu'à la prospérité de l'entreprise ; qu'au lieu de se classer dans une main laborieuse, elle ne traverse celle du spéculateur ; que, parvenue à sa dernière étape, elle ne signifie rien que déception et ruine. Quels sont ceux qui prennent plus à cœur l'intérêt vrai des ouvriers ? L'homme qui les prémunit contre ces dangers si usuels, ou bien l'homme qui ne fait miroiter à leurs yeux que la certitude du gain ?

Quoi qu'en disent des esprits plus aventureux que réfléchis, l'*action* convient donc médiocrement aux sociétés coopératives, et ce serait tomber dans une inconséquence regrettable que d'instituer, comme le faisait le projet du Gouvernement, deux espèces d'actions : celles de 200 et de 500 fr. pour les sociétés ordinaires, et celles de 10 fr. et plus pour les sociétés coopératives. Ayons une règle unique. Quand la coopération sera assez forte, elle aura des actions, si elle le veut, mais au même taux que la société en commandite ou à responsabilité limitée.

La nature des sociétés anonymes se prête moins encore aux sociétés coopératives. Peu importe qu'elles soient autorisées par le Conseil d'État, ou qu'elles deviennent libres, sans autre obligation que de se soumettre à des statuts fixés par la loi ; dans tous les cas, les sociétés anonymes sont faites pour les entreprises considérables. Elles se plieraient difficilement à ces sociétés ouvrières, qui sont faibles dans leur début et qui ne peuvent raisonnablement, qu'au bout de plusieurs années de prospérité, mériter l'importance de l'anonymat.

Il est inutile de parler de la société en participation; celle-là est tout individuelle ; elle se restreint à des intérêts privés, sans réagir sur le public et engager les tiers. La volonté des coparticipants sera leur seule loi.

Résumé. — En résumé, la société coopérative doit être encouragée. Sans s'associer à toutes les promesses de progrès et de bonheur dont elle est l'occasion, elle constitue une forme d'activité humaine, qu'on serait coupable de négliger.

Il importe essentiellement que la société coopérative ne forme pas, *dans la loi*, un type de société nouvelle, privilégié ou non.

Le projet de loi du Gouvernement a ce tort considérable, qu'il veut définir et délimiter. C'est impossible et dangereux.

Le projet qui divise les sociétés, suivant l'importance de leur capital, vaudrait mieux. Mais il a l'inconvénient de créer des régimes complètement inégaux, pour des associations dont les forces sont ou seront bientôt à peu près égales.

Il est impopulaire et injuste de limiter la part individuelle des associés.

Que faire? Accorder aux sociétés une liberté absolue, c'est de l'imprudence. Un changement aussi radical renie l'expérience du passé. Il ne compte plus avec ces abus de tous les jours, qu'il n'est ni libéral ni juste de souffrir, qu'on doit empêcher d'abord par des conditions de garanties sérieuses, et punir ensuite lorsqu'ils se sont accomplis. Cette liberté absolue est incompatible surtout avec le morcellement du capital social en actions.

Si la société coopérative ne prend pas la forme collective, la commandite simple est là. Les parts peuvent être aussi faibles que possible, et la responsabilité égale à ces parts. Quand elle aura grandi, elle deviendra commandite par actions ou anonyme, mais aux conditions des autres sociétés.

Quelles modifications serait-il donc utile d'apporter à nos lois, pour donner à la coopération l'aisance dont elle a besoin ? La réforme capitale est dans la publicité. Si cette publicité est facile et à bon marché, la société la plus mobile publiera sans peine ses variations de personnel et de capital. Il est urgent encore d'accorder à toutes les sociétés civiles comme aux sociétés commerciales le droit d'ester en justice. On peut aller même, si on le veut, jusqu'à laisser aux statuts la faculté d'affranchir les gérants d'une responsabilité indéfinie. Ces extensions, appliquées à toutes les sociétés, suffisent pour le développement de la coopération, en même temps qu'elles perfectionnent la législation générale.

CHAPITRE V.

CRÉATION DE SOCIÉTÉS INDUSTRIELLES DANS LES VILLES MANUFACTURIÈRES.

De la Société industrielle de Mulhouse et de ses œuvres ; nécessité d'en établir une semblable dans les principaux centres manufacturiers. — Travail des enfants dans les fabriques. — Durée des journées de travail. — Abolition du travail de nuit. — Instruction des enfants et des adultes. — Utilité d'établir spécialement à Saint-Quentin une Société industrielle.

Nous avons étudié le patronage et le mutualisme dans leurs principaux effets et dans leurs tendances principales. Nous avons acquis la conviction que c'est de leur mélange que naîtra la meilleure solution pour le paupérisme. Sous peine d'être incomplet, il reste à chercher maintenant s'il n'y a pas un moyen pratique d'aider à leur fusion, d'encourager leurs efforts, de féconder leurs résultats respectifs. — Quel sera le centre qui donnera l'élan, qui organisera la direction, dans la mesure restreinte où cette direction est indispensable ? Telle est la question qui se pose partout et principalement dans les villes industrielles, où, pour faire quelque chose d'utile, il faut impérieusement un centre d'activité et une réunion de dévouements dans un faisceau d'harmonie. Pourquoi, notamment à Saint-Quentin, n'y aurait-il pas, comme à Mulhouse, une société industrielle qui serait à la recherche de toutes les améliorations, qui ne négligerait aucune tentative, qui n'abandonnerait aucun essai, sans les comprimer et en extraire le bien qu'ils contiennent? Mulhouse est un encouragement, un exemple, un modèle. Demandons à cette ville ce qu'elle a été à sa naissance et ce qu'elle est devenue depuis.

A Mulhouse, l'idée de la société industrielle a été très-humble dans ses débuts. Elle ne fut pas une distraction ni une arène ouverte à toutes les vanités; dès le premier jour, elle fut une œuvre éminemment sérieuse. Formée par des cotisations particulières, accrue ensuite par des libéralités, grossissant peu à peu et toujours, sa caisse fonde maintenant des prix ou médailles dont la valeur dépasse plus de 200,000 francs par an.

C'est la société industrielle qui a mis en branle l'idée des cités ouvrières, aujourd'hui si connue, et cependant encore si peu pratiquée. C'est elle qui a créé une grande boulangerie où le pain est de meilleure qualité et meilleur marché qu'ailleurs. C'est elle qui a formé des établissements de bains et des lavoirs publics dont la population profite moyennant une rétribution fabuleusement minime. Préoccupée de tout ce qui intéresse la classe ouvrière, à l'affût de toute innovation enviable, il n'est pas d'œuvre qu'elle n'ait tentée et, en général, de succès qu'elle n'ait obtenus.

Elle a créé une commission pour étudier et réaliser en pratique les différents moyens de prévenir les accidents dans les fabriques. **Les** machines, enveloppées d'un appareil préservatif, sont, depuis ce temps-là, devenues moins meurtrières. Elle a fait tout ce qu'elle a pu pour détruire le travail de nuit. En dehors des industries spéciales où il est rigoureusement nécessaire, elle a dit partout et bien haut que le travail nocturne rapportait moins de profit aux fabricants qu'on ne le croyait généralement ; que d'ordinaire il était défectueux ; que, de son essence, il présentait des dangers non-seulement physiques, mais encore des inconvénients moraux considérables. Elle a provoqué, dans ce but, l'intervention d'une loi qui n'est pas encore faite. Sans jamais se lasser, c'est elle qui n'a cessé de pétitionner pour que la durée du travail des enfants dans les manufactures fût législativement déterminée. Voulant à tout prix qu'une jeunesse faible et infirme ne fût pas énervée et étiolée par un excès de travail que son âge ne comporte pas, elle a, cette fois, après des démarches tenaces et réitérées, obtenu la loi de 1841. Chose triste cependant, cette loi si humaine est méconnue et violée. Après vingt-cinq ans d'existence imparfaite, elle demande à être complétée et à ne pas rester lettre morte. L'ardeur avec laquelle on traite cette question prouve qu'elle est encore actuelle. On peut lire dans un récent et bien intéressant rapport de M. Bareswill, inspecteur nommé pour surveiller les manufactures du département de la Seine, au point de vue de la loi de 1841, que la volonté légale est véritablement méconnue. Dans leur dernière session, les conseils généraux du Pas-de-Calais, du Nord et de la Somme ont nommé des inspecteurs pour tenir la main à l'exécution de cette loi. Saisi de la même proposition, le conseil général de l'Aisne, tout plein qu'il fût de sympathies pour cette idée, n'a pris aucune résolution positive, parce que la question est à l'étude et qu'une loi nouvelle va bientôt paraître. Le programme de la Société industrielle de Mulhouse, si délicat, si hérissé de difficultés pratiques qu'il soit, est donc à reprendre tout entier.

La même société est disposée à aller plus loin. Elle voudrait réduire le travail des adultes à dix ou onze heures par jour et emprunter cette diminution de travail à l'Angleterre. Autrefois, jusqu'en 1848, chose à peine croyable, les journées étaient de quinze ou seize heures par jour. Depuis lors, elles ne sont plus guère que de douze heures, mais il y a encore de regrettables exceptions. Sans aller jusqu'à l'exagération de certain promoteur de réforme américaine, jusqu'à dire que sur un total de vingt-quatre heures, il y en a huit pour le travail manuel, huit pour le sommeil et huit pour l'étude et la réflexion, en tenant compte d'un autre côté, du prix de la main-d'œuvre, des frais généraux qui courent toujours, des nécessités impitoyables que la concurrence impose dans une certaine mesure, il est cent fois vrai de dire que le chiffre de douze heures est un maximum qu'une humanité sagement entendue ne permet pas de dépasser; qu'en ne se plaçant qu'au point de vue mercantile, l'ouvrier qui ne s'abrutit pas par la fatigue produit plus et mieux, qu'il conserve en même temps quelques moments pour sa famille et quelques loisirs pour son intelligence. Ils méritent d'être écoutés entre tous, les généreux patrons qui, sans se laisser emporter par une populaire déclamation, affirment au nom de la philanthropie et de l'expérience qu'un travail journalier de dix à onze heures, servirait davantage l'intérêt des classes laborieuses, sans constituer pour les maîtres une perte appréciable. Si on n'abaisse pas la journée de travail jusque-là, qu'on s'arrête, au moins et universellement, au chiffre de douze heures.

Au point de vue moral, les patrons de la société industrielle exigent impérieusement que les enfants aillent à l'école primaire. Pour éviter toute volonté récalcitrante, tout fallacieux prétexte de la part de la famille, la plupart d'entre eux payent à celle-ci, comme travail effectif, le temps que l'enfant passe à l'école. Dans les manufactures isolées, le fabricant rétribue de ses deniers un instituteur qu'il établit sur place. Quand un ouvrier vient leur demander du travail, les maîtres exigent de lui l'engagement formel qu'il enverra ses enfants à l'école.

Il y a pour les adultes des associations particulières qui ont fondé les écoles du dimanche et les cours du soir. Des manufacturiers ont chez eux des collections de livres qu'ils permettent d'emporter. Le livre n'est pas tout. Aujourd'hui le journal à bon marché prend une extension extraordinaire. Pour les classes ouvrières, il faudrait maintenant des journaux à cinq centimes qui seraient amusants d'abord, mais qui, en même temps, répandraient les notions usuelles d'économie politique, d'hygiène, de législation et de science appliquée. La véritable presse populaire est à créer. Il n'y a peut-être que cette direction qui la sauvera de son insignifiance ou de ses abus possibles. Une réforme législative est à poursuivre; elle sera ajournée, mais elle finira par venir. Comme le vœu en a déjà été émis par les journaux et jusqu'à la tribune du Corps législatif, il faudra bien un jour ou l'autre que la littérature creuse n'ait pas seule le privilége du bon marché, et qu'on puisse, à pareil prix, en se déchargeant du fardeau du timbre, écrire sérieusement.

Dans l'ordre industriel, la société de Mulhouse a encore marché en avant. Elle a une collection d'échantillons de tous les tissus fabriqués et imprimés depuis l'origine de l'industrie alsacienne; elle a un musée de dessin industriel, elle a une école de tissage mécanique, elle a une école théorique et pratique de filature, elle a une école de commerce. Pour procurer des distractions utiles et développer le goût des arts, elle a des sociétés de chant choral et des sociétés de gymnastique. Celles-ci, en se réunissant, ont formé un *Cercle de l'Union*, un Casino de deux cents membres, où chaque quinzaine alterne entre un concert et une conférence littéraire.

Ces institutions sont-elles assez vastes, assez multiples, assez universelles? Y a-t-il un besoin qu'elles ne soulagent pas, un mal qu'elles ne combattent pas, un bien qu'elles ne poursuivent pas? Avons-nous, dans cette encyclopédie de charité et de bienfaisance, assez

d'œuvres à glaner, assez d'imitations à faire? Est-ce
que Mulhouse aurait le monopole du bien? Est-ce que
ces fondations qu'elle cherche à répandre partout ne
germeraient par hasard et ne prendraient racine que
sur le sol alsacien? Est-ce que d'autres latitudes et
d'autres climats leur seraient mortels? Pourquoi, dans
les villes industrielles, dans le nord surtout, à Saint-
Quentin, par exemple, ne ferait-on pas ce qu'on a fait
à Mulhouse? On dit que les esprits ne sont pas les
mêmes. Est-ce qu'une même œuvre ne peut s'accomplir
que là où il y a uniformité absolue de mœurs et de pensées? On dit qu'à Mulhouse on ne connaît ni la défiance
ni l'isolement, qu'on travaille à ciel ouvert, qu'on divulgue à plaisir les perfectionnements de la science et
les inventions nouvelles; que dans le nord de la France,
au contraire, les intérêts sont toujours sur le pied d'une
froide réserve, que la concurrence est soupçonneuse,
qu'on se renferme étroitement dans un chez soi respecté. Il est possible en effet que le sang des familles ne
se soit pas mêlé partout, comme à Mulhouse, par des al-
liances qui remontent déjà à plusieurs générations, que
les intérêts ne se soient pas cimentés, qu'ils se surveillent d'un œil plus jaloux, que l'individualisme, en un mot,
vive ailleurs plus visible et glacial. Mais ces mœurs,
qui tiennent aux climats et aux habitudes, sont-elles
donc si prononcées et si enracinées que certaines exagérations veulent bien le dire? A Saint-Quentin comme
à Mulhouse, les patrons sont généreux et dévoués. Mais
que faire quand on est seul, quand la force d'autrui ne

vient pas s'adjoindre à la vòtre, quand il n'y a pas d'association pour stimuler l'initiative qui s'affaiblit, réchauffer le zèle qui s'éteint, et aplanir les mille et un obstacles qui vous déconcertent et vous rebutent. Saint-Quentin n'a pas une excellente réputation sous certains rapports, il faut l'avouer, mais il est vrai de dire qu'il vaut mieux que sa réputation. On lit, par exemple, dans M. Villermé : « Le goùt de la toi-
« lette, l'amour du luxe chez les jeunes femmes,
« les chambrées communes et le mélange des sexes
« dans les ateliers, relâchent et dépravent les mœurs.
« Des contre-maîtres et de simples ouvriers m'ont
« affirmé que l'on ne prend aucune précaution pour
« les surveiller, dans la plupart des établissements
« de Saint-Quentin. Loin de là, m'ont-ils dit, les gar-
« çons et les filles y sont presque en toute liberté les
« uns vis-à-vis des autres. Au surplus on s'occupe peu,
« à Saint-Quentin, des mœurs des ouvriers. Aussi, à
« peine les jeunes gens des deux sexes commencent-ils
« à sortir de l'enfance, que déjà ils ont presque tous
« commerce entre eux et que beaucoup, ce sont peut-
« être les moins débauchés, vivent publiquement en-
« semble, comme s'ils étaient mariés. Ces derniers, en
« général, se gardent fidélité; si la fille devient en-
« ceinte, celui qui demeure alors avec elle l'épouse or-
« dinairement, quoique souvent elle ait déjà vécu, ou,
« comme ils le disent, fait ménage avec un autre
« homme. » Ces lignes sévères étaient, il est vrai, écrites, il y a bien longtemps, en 1835. Depuis, cependant, un

écrivain éloquent a encore peint la moralité de Saint-
Quentin sous de sombres couleurs. Voici ce qu'on lit
dans l'*Ouvrière* de M. Jules Simon. Après avoir dépeint
l'affligeante influence du cabaret : « A Saint-Quentin,
« ajoute-t-il, plusieurs détaillants ont été pris pour les
« femmes des buveurs d'une étrange pitié ; elles endu-
« raient le froid et la pluie pendant des heures ; ils leur
« ont fait construire une sorte de hangar devant la
« maison ; ils y ont même mis des bancs. La salle, où
« les femmes viennent pleurer, fait partie de leur
« bouge. » Le fait est sans doute exact. M. Jules Simon
n'aurait pas avancé un détail si pittoresque et si na-
vrant, sans en avoir eu une connaissance positive. Mais
il ne s'est inévitablement produit que dans un ou plusieurs cas isolés et exceptionnels. Car cette charité si
bizarre du débitant, qu'à défaut de loi les mœurs ne
toléreraient sans doute pas, non-seulement n'est pas,
notoire, mais demeure, très-généralement au moins,
tout à fait inconnue dans le pays. La même idée se
retrouve pourtant dans M. Louis Reybaud, qui s'en
explique ainsi, sans spécifier, du reste, aucune localité : « La pitié a gagné jusqu'aux cabaretiers. Dans
« plusieurs cantines fréquentées par des ouvriers, j'ai
« vu des auvents extérieurs qui sont, pour les femmes,
« comme des salles d'attente où, du moins, elles sont
« à l'abri des intempéries. Elles passent là des soirées
« entières, séparées des buveurs par une simple cloi-
« son, le cœur saignant et les yeux pleins de larmes. »
Envisageant la moralité sous un autre rapport, on

lit encore dans l'*Ouvrière* : « A Saint-Quentin, on
« parle des plus grands désordres sur le ton de la
« plaisanterie. On dit des jeunes filles un peu coquettes
« qui s'attifent le soir pour plaire aux bourgeois, en
« sortant de l'atelier, qu'elles vont faire leur cin-
« quième quart de journée. On les appelle des *cinq-*
« *quarts.* » Et plus loin enfin : « Les femmes des
« manufactures conservent, en général, la sobriété. A
« Sa nt-Quentin, notamment, où la dépravation des
« femmes dans un autre genre est poussée à ses
« dernières limites, elles ne boivent jamais que de
« l'eau. »

Sans s'associer complétement à une description
aussi noire et sans croire à l'étendue du vice que
l'austérité du philosophe et du moraliste a pu grossir,
il n'en est pas moins incontestable qu'il y aura toujours dans les pays de fabrique, et notamment à
Saint-Quentin, beaucoup de bien à accomplir. Le
département de l'Aisne a des ressources considérables.
Riche, au point de vue économique, il posséde aussi
un esprit avancé. Un des premiers de l'Empire, comme
importance et comme initiative, il devrait se hâter
d'inaugurer, à l'exemple de l'Alsace, une société industrielle. Il s'est formé à Saint-Quentin une société
académique qui a parfaitement réussi dans l'ordre
intellectuel. Il conviendrait de lui donner une extension philanthropique. Il faudrait pour cela surtout, là
comme dans toutes autres villes, que les principaux
patrons du pays qui ont là fortune, la notoriété et

l'influence, s'entendissent et s'associassent ensemble;
ils donneraient une impulsion à toutes idées généreuses.
Ils les feraient fructifier. Grâce à eux, aucun effort ne
serait perdu, et toutes les volontés suivraient facilement les voies de leur charité éclairée. Ce sont de
pareilles associations qui sont vraiment de mise à notre
époque. Ce moyen est d'ailleurs le plus naturel et le
plus commode de réunir les classes diverses de la
société, plutôt que de les séparer chaque jour davantage. Maîtres et ouvriers seront moins étrangers, moins
hostiles les uns aux autres. La paix publique y gagnera.
Les défiances s'apaiseront. La haine disparaîtra. Et ce
que les rapports d'intérêts contiennent inévitablement
de tendu et de roide s'adoucira progressivement par
des liens d'une nature plus tendre, au souffle de généreuses et réciproques sympathies.

Il est facile, étant admis ce point de départ, de voir
quelles sont les principales questions dont une société
de cette nature s'occuperait avec fruit. Elle aurait,
devant elle, un horizon étendu. On pourra juger de
son véritable rôle et de l'importance de sa mission, en
étudiant seulement les quelques institutions principales
qu'elle se proposerait infailliblement de réaliser.

CHAPITRE VI.

DES CITÉS OUVRIÈRES.

Importance du logement sur la santé et la moralité de l'ouvrier. — Nécessité pour les amis des classes laborieuses, de se préoccuper de la construction de cités ouvrières. — Différents systèmes. — Récapitulation du système de Mulhouse et d'autres localités d'Alsace. — Système communiste. — Description du Familistère de Guise. — Régime de l'établissement. — Fête de l'*Éducation de l'enfance.* — Comparaison entre le système de Mulhouse et le système du familistère. — Préférence accordée au système de Mulhouse. — Entreprises purement industrielles, dans certains cas, pour la construction de logements ouvriers. — Bases d'une association industrielle. — Principal écueil à redouter. — Les meilleures règles à suivre.

Les esprits qui cherchent à rendre un véritable service à la classe ouvrière ne sauraient se proposer une réforme plus urgente que celle des logements. Il n'y a pas de circonstance physique et extérieure qui influe davantage sur l'homme que l'habitation. Est-elle saine, convenable, la santé de la famille progresse: Cette famille se plaît chez elle. La présence au logis du mari, de la femme et des enfants, dans les intervalles de repos, est un gage de moralité. Que sera-ce au contraire quand il faudra séjourner dans un endroit humide, malpropre et malsain ? Inévitablement la famille se disloque. Les enfants vagabondent. La femme de ménage se néglige. Le père demeure au cabaret.

Ces vérités sont si palpables que Mulhouse a commencé la glorieuse série de ses institutions, par la construction de *cités ouvrières*. Tel devrait être le premier souci d'une *société industrielle* qui se fonderait ailleurs. Il est même étonnant que les logements d'ouvriers édifiés par des associations humanitaires ne se soient pas propagés davantage. Dans beaucoup de pays, les personnes influentes n'ont encore absolument rien tenté et rien fait. Dans d'autres, au contraire, on a essayé avec ardeur. Mais, pour une cause ou pour une autre, on n'a pas toujours réussi ; quelque zèle qu'on ait apporté à la réalisation de cette pensée, elle a avorté. Pourquoi? L'esprit industriel est-il, par exemple, moins développé à Saint-Quentin? L'ouvrier n'a-t-il qu'à un moindre degré l'esprit d'ordre et de prévoyance qui, à Mulhouse, est à présent si enraciné dans les habitudes ouvrières? C'est possible, quoiqu'il soit faux d'exagérer cette infériorité. Mais, en tous cas, la cité ouvrière ne serait-elle pas précisément le moyen de développer l'esprit d'économie qui serait absent, et d'arracher l'ouvrier à sa torpeur. Si le mal existe, c'est une raison de plus de tenter à nouveau une entreprise qui servira de remède. Avec de la volonté, l'ouvrier de Saint-Quentin ne le cède en rien à celui de Mulhouse. S'il a de la conduite et du rangement, il a les mêmes facilités pour acheter et devenir propriétaire. Là-bas, les salaires s'élèvent depuis 1 fr. 75, minimum, jusqu'à 5 fr., maximum, et très-exceptionnellement à 6 fr. Ici, la rétribution n'est jamais inférieure, pour les hommes, à 1 fr. 75 ; et un ouvrier laborieux, un mécanicien, par exemple, gagne facilement 5 et 6 fr. par jour. Au lieu de faire le lundi, il amassera progressivement et avec une aisance relative le pécule qui lui ouvrira l'accès de la propriété.

Dans un siècle de concurrence, où les producteurs nationaux et étrangers rivalisent entre eux avec tant d'activité pour fabriquer à meilleur marché, ce n'est pas le tout que de perfectionner les machines, que d'en inventer de nouvelles, que de simplifier les frais généraux et de diminuer le matériel ; il est encore d'un bon calcul, en même temps que d'une inspiration généreuse, d'améliorer le personnel et de lui procurer une modeste somme de bien-être qui multiplie la force de ses bras, développe son intelligence par un contre-coup nécessaire à son intelligence, et le moralise. A tous les points de vue, par conséquent, Saint-Quentin doit imiter Mulhouse. C'est pour lui le progrès et la prospérité.

Deux systèmes, cependant, sont encore en lutte pour la confection des cités ouvrières ; le système de Mulhouse, c'est-à-dire le système de la propriété individuelle séparée ; puis un autre système, celui de la propriété collective et commune.

A Mulhouse (tout le monde sait cela depuis le rapport de M. le docteur Penot et les publications de M. Jules Simon), la société vend ses maisons aux ouvriers au prix de revient. Si elle les loue, la location ne dépasse pas 8 p. 100 du prix de revient. Ces 8 p. 100 acquittent tous les frais de l'entreprise, voire même les 4 p. 100 d'intérêts qui sont alloués aux capitalistes pour prêt de leurs fonds.

Dans une vente, l'ouvrier paye immédiatement une somme de 250 ou 300 fr. afin de garantir les droits de mutation, dont on a d'ailleurs, et avec raison, demandé la suppression en ce qui touche les cités ouvrières. Pour se libérer du surplus, l'acquéreur jouit d'un terme de 14 à 16 ans. Il s'engage à ne vendre et à ne sous-louer aucune partie de son logement à une autre famille, pendant les dix années qui suivent le contrat, sans l'autorisation du conseil d'administration. Par cette disposition, on a voulu que l'acquéreur, à moins de circonstances particulières, fût complétement chez lui et n'eût pas à redouter les insipides inconvénients d'une communauté d'habitation.

Une autre condition imposée, c'est que tout acquéreur ou locataire s'engage à envoyer ses enfants à l'école.

Voilà, en résumé, le système de Mulhouse : Les versements mensuels sont de 18 à 25 fr. suivant la valeur de l'immeuble. Ce versement augmente quelque peu dans le cas où l'ouvrier n'a pas pu, au début, payer la première mise de 250 ou 300 fr.

Les comptes entre la société et l'ouvrier, s'établissent sur un petit livret fourni à chaque acquéreur, tenu sous forme de compte courant et chaque versement est relaté sur une quittance détachée d'un journal à souche.

Bien entendu, le prix payé pour l'achat est supérieur au simple prix de location. Il le faut bien, une vente est plus qu'une location. Mais la différence n'est pas énorme, la voici exactement : Une maison de 3,000 fr., payée en 13 ans, et acquise ainsi en propriété, coûte 1,300 fr. de plus que n'aurait coûté le simple payement du loyer. Encore est-il juste de faire entrer en ligne de compte, au profit de l'acquéreur, la plus value que prend la maison, par suite de l'accroissement des constructions nouvelles et de la population.

Si, pour un motif valable, le locataire demande la résiliation de son bail, on lui restitue d'abord avec les intérêts, le prix qu'il a payé au premier jour dans le but d'acquitter les droits de mutation sur une vente future qui désormais n'aura pas lieu, et ensuite on le considère rétroactivement comme ayant toujours été simple locataire, si bien qu'on lui rend la différence en plus, entre le prix de location simple et le prix de location conduisant à une acquisition définitive, prix qu'il a soldé par à-compte.

700 maisons environ ont été construites depuis quelques années, sur lesquelles 614 ont été vendues, dont 112 entièrement payées. Au 30 juin 1865, l'administration avait touché de l'ensemble de ses acquéreurs plus d'un million !

Après de minutieux tâtonnements et des expériences éclairées, on a bâti des maisons de différents modèles, les unes à étage sur rez-de-chaussée, les autres à rez-de-chaussée seulement, avec subdivision de systèmes.

C'est la partie architecturale et technique de l'œuvre. Tout logement a son jardin, toujours avec isolement, de manière à ce que chaque habitant soit parfaitement clos.

Dans les conditions mulhousiennes, une maison coûte 3,400 ou 2,650 fr. suivant la variété des types. Le sol a été payé 1 fr. environ le mètre carré. Il n'y a pas d'exagération à porter à 6,000 âmes, la population qu'abrite la cité ouvrière de Mulhouse.

L'expérience de cette ville nous offre une révélation bien remarquable. Des fabricants se sont réunis pour inviter les ouvriers à l'épargne. Ils ont offert à leurs ouvriers de leur créer une pension de retraite, à la condition de subir une retenue de 3 p. 100 sur leurs salaires, s'engageant de leur côté à y ajouter 2 p. 100 de leur caisse, ce qui montait la pension à 5 p. 100. Les ouvriers, dans un pays si avancé, s'y sont, jusqu'à ce jour, obstinément refusés. La cité ouvrière seule les a vivement poussés à l'économie. Preuve irrésistible de ce que peut le stimulant de la propriété!

La même marche, avec quelques variantes locales, a été suivie à Guebviller et couronnée de succès. Le prix de revient des maisons est plus élevé, parce que cette ville n'a pas obtenu de subvention du Gouvernement; il est de 4,500 fr. ou 3,600 fr., prix maximum des diverses constructions. Au moment de la livraison, l'acquéreur paye comptant le dixième de son prix, avec les frais d'acte et d'enregistrement; les versements mensuels sont de 20 à 30 fr. Au bout de 15 ans environ l'acquéreur est propriétaire, la mutation est définitivement opérée.

A Beaucourt (Haut-Rhin), la société immobilière a divisé ses actions en coupons de 100 fr. pour que les contre-maîtres et de simples ouvriers pussent devenir actionnaires, ce qui a effectivement eu lieu. La maison et le petit jardin sont vendus au prix coûtant, 2,000 fr. Ici encore, comme à Guebviller, il n'y a pas d'autres bénéfices, pas d'autre dividende pour les actionnaires qu'un intérêt de 5 p. 100 (à Mulhouse, 4 p. 100). L'acquéreur a un terme de 11 années pour payer quand et comme il veut. Beaucourt présente ces particularités : Aucune condition de propreté ou de conservation n'est imposée à l'acquéreur. Chacun apporte à sa maison et à son jardin les changements qui lui conviennent. Les maisons ne sont élevées que sur commande, de sorte qu'elles sont immédiatement habitées par des acheteurs, et non par des locataires.

Sauf des nuances qui sont très-appréciables, quand on y regarde de près, mais qui ne sont pas fondamentales, à Beaucourt, à Guebviller comme à Mulhouse, en Alsace, en un mot, le système aboutit à une idée typique et invariable : Propriété individuelle ; le chez-soi de la famille ; absence de communauté.

A l'antipode de ce système, est l'association illimitée, la réunion indéfinie des familles dans de vastes logements qui restreignent les frais généraux et font servir les grandes dépenses de l'ensemble à l'utilité de chacun. L'application la plus grandiose de cette idée s'est faite à Guise (Aisne) au *Familistère* de M. Godin-Lemaire. L'expression de Familistère a de suite une couleur phalanstérienne. Elle sent vivement le fouriérisme et le communisme. Voyons cependant. Une intelligence sérieuse ne doit pas subir l'empire des mots et juger sur une prévention.

Ancien ouvrier, fils de ses œuvres, venu à une grande fortune par le travail et le génie de l'invention, M. Godin-Lemaire a bâti pour ses sept à huit cents ouvriers un véritable palais. L'aspect extérieur est simple, élégant, monumental. Le bâtiment du centre et l'aile gauche, seuls construits jusqu'ici, ont coûté 800,000 fr. L'aile droite s'achèvera sans doute, dans un avenir plus ou moins prochain.

En quelques mots, voici la description intérieure du Familistère (1).

Chacun des deux édifices actuels forme un parallélogramme au milieu duquel est une vaste cour, vitrée en haut, asphaltée en bas, d'une surface de 900 mètres carrés. Cette cour est enfermée des quatre côtés par des bâtiments à quatre étages qui possèdent au total 380 ouvertures sur la cour. Les bâtiments ont 10 mètres de profondeur. De 10 mètres en 10 mètres, ils sont divisés par de gros murs de refend. Chaque case,

(1) Voyez la brochure très-complète de M. Oyon, ancien rédacteur du *Journal de l'Aisne*, les excellents articles que M. Stenger a publiés dans le *Journal de l'Aisne* les 5 et 11 septembre 1866, le livre de M. Moureau, rédacteur du *Journal de Saint-Quentin*, sur le *Salaire et les Sociétés coopératives*, et un article de M. Horn, l'économiste, dans *l'Avenir national* des 29 et 30 août 1866.

ainsi partagée, forme deux appartements qui se séparent ou se réunissent à volonté. Autour de chaque étage, contourne un balcon qui sert de rue et conduit à l'entrée de tous les domiciles. Aux quatre angles, des escaliers communs mènent aux différents étages. A chaque palier, il y a des fontaines. Les quatre coins sont aussi munis de cabinets d'aisances et de trous à balayure disposés dans les conditions les plus salubres. Des femmes entretiennent la proprété des cours, balcons, de tout ce qui n'est pas domicile privé, absolument comme dans les villes une entreprise spéciale effectue le nettoyage des rues et en entretient la propreté.

Le prix d'un appartement, non garni, d'une à cinq pièces, est, en moyenne, de 4 fr. 50 par pièce et par mois. Une chambre garnie pour un ouvrier seul, avec le service, est de 8 fr. Le simple coucher, dans un dortoir, est de 10 cent. par nuit.

Sous la direction d'un économat, la maison renferme absolument toutes les denrées, comestibles, vêtements nécessaires à la vie. Les marchandises, achetées par quantités considérables, sont irréprochablement saines. La plus minime falsification n'est pas à redouter. Elles sont vendues, non pas au prix de revient, mais au prix habituel du commerce. On eût fait, autrement, une coucurrence trop préjudiciable aux intérêts de la ville de Guise.

Un médecin visite tous les jours l'établissement.

Les adultes ont la faculté de prendre un bain chaud

pour 25 cent. Les enfants et les malades ne payent pas.

L'Établissement possède un Casino. Dans une salle il y a billard et rafraîchissements. Un autre salon sert de cabinet de lecture. En fait de journaux, voici ceux que j'y ai trouvés : le *petit Moniteur*, le *Temps* et *l'Avenir National*.

Un corps de pompiers, en uniforme, volontairement formé, a mission d'éteindre les incendies d'abord, et puis d'entretenir la discipline.

Une musique militaire fonctionne vivement aux jours de fête.

L'enfance a été la préoccupation la plus ardente de M. Godin. Au Familistère, il ne pouvait y avoir ni crèche ni salle d'asile. Il fallait des dénominations plus socialistes. Il y a un *pouponnat* et un *bambinat*. Le Pouponnat est la salle destinée aux enfants depuis leur naissance jusqu'à l'âge de 2 ans. Des femmes ont mission spéciale et exclusive de leur prodiguer des soins. Plongés dans de petits berceaux en fer uniformes et élégants, où, pour éviter des inconvenients bien excusables à cet âge, la paillasse traditionnelle a été remplacée par une couche de son, ces petits êtres si fragiles, si fraîchement éclos à l'existence, et symétriquement alignés, rivalisent de silence. L'émulation parvient, d'aussi bonne heure, à apaiser leurs cris. Les parents déposent leur enfant dans cette salle spéciale, viennent le voir, le prennent, le rapportent, le nourrissent ou non chez eux, le tout avec la plus entière liberté. Assez souvent, les mères les emmènent chez elles le dimanche, et l'habitude qu'ont les ouvriers de pousser les enfants à trop manger, se manifeste trop fréquemment dit-on, par une indigestion dans la nuit du dimanche au lundi.

Au Pouponnat, tout est radicalement gratuit.

A deux ans, l'enfant monte de grade et passe du *Pouponnat* dans le *Bambinat*, jusqu'à 6 ans. Le vêtement et la nourriture du bambin sont seuls à la charge des parents.

De 6 à 12 ans, l'école, qui est encore totalement gratuite. Dans les écoles, on s'applique d'ordinaire à séparer les sexes. Là, chaque division se compose de pepetits garçons et de petites filles qui occupent respectivement les deux côtés d'un même local. M. Godin pense que l'habitude de se voir, l'absence de la contrainte et du mystère, la communauté d'enseignement, cimentée par les souvenirs du jeune âge, doivent, dans l'intérêt des bonnes mœurs, assurer la préférence à son système.

Il y a deux grandes fêtes par an au Familistère de Guise, la saint Éloi la fête des forgerons et la fête de l'*Éducation de l'Enfance*. La vue d'une de ces solennités de famille, si on peut ainsi parler, est loin de manquer d'intérêt. Dans le mois de septembre dernier, on célébrait la fête de l'Enfance. La cour principale était festonnée de lierre et ornée de fleurs. Tout le long des murs on lisait des devises comme celle-ci : *Le Familistère donne l'éducation, le travail, et assure le bien-être à ses enfants. — Le travail est la part de l'homme dans le progrès de la vie sur la terre. — Le travail sera le salut du monde. — C'est être agréable à Dieu que d'être agréable au travailleur. — Le plus grand des mérites, c'est de travailler avec amour au bien de ses semblables. — L'habitation est un des premiers éléments nécessaires au bien-être de l'homme. — Aimez-vous les uns et les autres. — Aidez-vous les uns les autres, Dieu vous le rendra. — Faites aux autres ce que vous voudriez qu'on vous fît. —* Toutes maximes d'une morale stoïque et, on le voit, entièrement indépendante.

La fête s'est principalement composée d'exercices intellectuels auxquels se sont livrés les jeunes enfants. A tout seigneur tout honneur. La séance a donc commencé par les *poupons.* C'était plaisir de voir ces petits enfants si frais, si proprets, à la chevelure blonde et bouclée, à la toilette élégante. On ne saurait croire ce que peut pour la propreté des enfants, l'émulation chez les mères. Par un instinct tout féminin, chaque mère, qu'elle soit ouvrière, bourgeoise ou grande dame, se mirera toujours, avec complaisance, dans son enfant.

Au Familistère, le système d'éducation n'est pas le même qu'ailleurs. Les mains appuyées sur les épaules de ceux qui les précédaient, les *poupons* se sont promenés en dessinant des corbeilles et des courbes gracieuses ; puis ils ont épelé les lettres de l'alphabet. Bientôt après, avec leurs bras mignons, ils ont fait quantité de mouvements télégraphiques ; c'étaient les différents signes de l'alphabet qu'ils exécutaient ainsi avec leur pétulance enfantine. Ils ont terminé leur leçon en

chantant sur différents airs de petits chœurs qui finis-
saient tantôt par un cri aigu, tantôt par une harmonie
imitative du bruit d'un instrument, tel que le grince-
ment d'une scie ou la chute d'un marteau.

Après le *pouponnat*, le *bambinat*. *Bambins* et *bam-
bines* ont décliné d'un bout à l'autre, en psalmodiant
et chantant, le verbe *travailler*. D'autres, leur don-
naient la réplique par la conjugaison du verbe : *attendre
sa récompense.*

Puis est venu le tour des aînés, de ceux qui fré-
quentent l'école, de ceux qu'au collége on appellerait
les grands. Ils se sont placés en face des trois cartes de
géographie, le maître appelait successivement les pays
et les villes importantes des cinq parties du monde, et
il était curieux de voir chaque enfant, une gaule à la
main, la porter tour à tour avec un imperturbable
aplomb sur le pays indiqué. On en a fait autant pour
la France en particulier, et plus d'un géographe n'aurait pas avec une pareille sûreté de mémoire décliné
les sous-préfectures d'un chef-lieu pris au hasard.

L'arithmétique, si ingrate d'ordinaire pour le jeune
âge, s'apprend en chantant. Les uns récitaient en cadence la table de multiplication en commençant par
2 fois 2 font 4 et les autres répondaient en sens inverse
par 9 fois 9 font 81.

On pouvait juger de l'écriture et des dessins des
élèves par l'examen de leurs cahiers. Ces cahiers sont
splendidement reliés pour donner aux enfants le goût de
la propreté, poussée jusqu'à l'élégance. Les progrès ac-

complis dans un court laps de temps se manifestent par la comparaison des écritures sur le même cahier à deux époques différentes ; mais ce qu'ils offraient de plus remarquable, c'était leur propreté intérieure, excessive et méticuleuse. Il eût été impossible d'y trouver une petite tache d'encre. Cette qualité, très-rare chez l'enfant qui écrit ses lettres et se sert pour la première fois de la plume, est particulièrement appréciée par M. Godin.

Avant la distribution des récompenses et des prix de l'année scolaire, M. Godin a adressé quelques paroles d'encouragement aux enfants, rangés en demi-cercle autour de lui. Il a annoncé en même temps qu'au mois de mai prochain on ferait, pour le travail manuel, ce qu'on faisait aujourd'hui pour le travail de l'intelligence ; qu'on donnerait des prix pour l'industrie de l'atelier ; que, dans tous les ordres d'application, le mérite aurait sa récompense, et qu'ainsi il serait possible au travailleur d'être heureux dans ce monde.

Les prix consistaient en livres pour les grands, en jouets de toute nature pour les *bambins*, et en poupées pour les *poupons*. Il fallait voir tous ces enfants accourir de leur place, solliciter leurs jouets et les remuer en cadence au son de la musique avec la vivacité d'un âge qui ne respecte rien !

Notons que les prix ne sont pas, au Familistère, donnés suivant l'ordre qu'on occupe dans la classe, mais suivant les progrès que chaque élève a faits comparativement à lui-même, dans un temps donné.

Cette distribution faite, quelques adultes, dont la plupart, privés jusqu'alors des bienfaits de l'instruction, ne savaient encore ni lire, ni écrire, et qui en s'associant spontanément les uns les autres, étaient parvenus à se donner cette instruction élémentaire, sont venus à leur tour recevoir leurs récompenses.

Le soir du même jour, il y a eu bal au *Familistère*. Pour en augmenter la splendeur, la *population* s'était cotisée d'elle-même et avait tenté une illumination. Un contre-maître avait fait et illuminé *a giorno* deux très-beaux transparents ; sur l'un, on lisait en lettres de feu : *Au régénérateur de la classe ouvrière, courage et persévérance.* L'autre représentait une ruche. Des abeilles en sortaient pour aller butiner, plusieurs revenaient toutes approvisionnées. On lisait au bas : *l'industrie*, et en haut deux mains s'entrelaçaient surmontées de cette inscription : *l'union fait la force.*

Dès six heures et demie, les danses ont commencé. Le spectacle de ce bal d'ouvriers était véritablement curieux. La décence y était fidèlement observée, et l'entrain ne s'est pas ralenti jusqu'à minuit. Un petit épisode, assez original, s'est produit pendant la fête. Un citadin de Guise, jardinier de son état, a voulu danser en blouse ; la *population* n'a pas trouvé le costume convenable et l'a expulsé. N'est-ce pas le cas de se rappeler l'histoire authentique de cette dame que les huissiers de l'Hôtel-de-Ville de Paris ne voulurent pas laisser pénétrer dans les salons, sous le constitutionnel prétexte qu'elle portait une robe montante? Chaque classe a ses susceptibilités!... Le cachet spécial de la fête du Familistère était sa simplicité et son élégance relatives. Il y régnait même beaucoup de luxe. Il fallait faire violence à sa conviction pour penser que toute cette population si coquette était une population ouvrière qui, là où on ne lui tend pas la main pour l'aider, et là où l'aiguillon de la stimulation manque, n'est que trop souvent plongée dans la plus affreuse misère et vêtue de haillons. Ce bien-être est le côté vraiment remarquable du Familistère ; l'établissement réalise tout ce qu'il est possible de faire sous ce rapport. Si, par ailleurs, on est en droit de faire des réserves très-importantes, au moins est-il vrai qu'une visite au Familistère, un jour de fête, vous donne la certitude que le travail de l'usine, pendant la semaine, marche de pair avec le bien-être et la gaieté.

Maintenant que nous connaissons le Familistère, jugeons-le sans parti pris et sans prévention hostile.

Dans le département, et surtout à Guise, le Familistère n'est pas vu d'un bon œil. L'ouvrier qui le fréquente, de même que l'établissement, sont un peu montrés du doigt. Mais il n'y a pas un grand compte à tenir de ces hostilités locales, si elles proviennent, comme cela est vrai, en général, de certaines jalousies industrielles et commerciales. Nous aurons à nous demander plus tard si d'autres antipathies plus intelligentes et plus libres ne découlent pas de causes plus respectables.

Il est un autre mot aussi qui, pour des observateurs superficiels, tranche tout de suite la question, mais dont il ne faut pas abuser. Quand on a dit *casernement*, il semble qu'on a tout dit, et que le Familistère est à jamais condamné. Il est vrai de dire qu'à Guise il y a casernement, si on veut, en ce sens que les ouvriers habitent sous un même corps de logis ; mais, ainsi entendu, combien le sens du mot *casernement* n'est-il pas faussé ? Il convient de proclamer, au contraire, qu'il règne au Familistère la plus grande liberté. C'est là sa règle fondamentale. Personne, parmi les ouvriers de M. Godin, n'est tenu d'y habiter. Chacun est maître absolu chez lui. On s'approvisionne ou on ne s'approvisionne pas aux magasins de l'établissement : on sort comme on veut, on rentre à toute heure du jour et de la nuit. On s'enivre même librement. Vis-à-vis de M. Godin, personnellement, la *population* est indépendante. Cette liberté, cette dignité, cette individualité de l'ouvrier est, du reste, une des idées favorites du fondateur. Espérons maintenant, que le reproche banal de *casernement* ne reviendra plus dans les explications, sans être tout au moins accompagné d'explications moins vagues et plus pertinentes.

Les idées préconçues et les mots dangereux écartés, comparons.

Que reproche-t-on au système de Mulhouse ? On lui reproche, chose singulière ! de plonger l'ouvrier dans les liens de la servitude, au lieu de l'affranchir. Le prix d'achat de la maison, dit-on, constitue un capital qui s'immobilise. Durant la vie du propriétaire, a-t-on besoin de tout ou partie de cette somme relativement importante, pour doter une fille, exonérer un fils de la conscription, faire face à des besoins imprévus, à une longue maladie, le capital, qui serait libre sans cela, est affecté d'avance à un usage qui le stérilise. Si l'acquéreur veut changer d'état, s'il se décide, pour des motifs graves de santé, d'intérêts, d'établissement, de famille, à quitter Mulhouse, le peut-il? N'est-il pas rivé à la manufacture par des liens qu'il lui sera difficile de briser? Et le patron qui lui a construit son logis, en même temps qu'il a fait de l'humanité, n'a-t-il pas aussi travaillé pour son intérêt propre, en s'assurant à sa porte la certitude de trouver de la main-d'œuvre et de conserver des travailleurs expérimentés? Que sera-ce si nous supposons la mort de l'acquéreur! La maison sera-t-elle vendue, et combien, s'il y a une licitation à effectuer, si le fils ne continue pas la profession du père et s'en va chercher fortune ailleurs? Quoi! Tout le monde aujourd'hui met son patrimoine en valeurs mobilisables, et vous ne craignez pas, à rebours de ce mouvement général, d'immobiliser et de paralyser celui de l'ouvrier? Ne songez-vous donc pas que les économies qu'il a faites et qui ont passé à solder l'acquisition, si elles avaient été placées en actions, en obligations, en rentes, formeraient désormais un tout qui vaudrait bien la construction, et qui, de plus, serait toujours disponible? En réunissant ces petites masses individuelles, vous formeriez quelques millions; on les emploierait à construire une fabrique qu'on exploiterait en s'associant. L'ouvrier serait presque patron. Quel beau résultat on a empêché là !

Sous un autre rapport, le système mulhousien, ajoute-t-on, a un vice capital. Il ne s'adresse qu'aux bons ouvriers. Il ne fait appel qu'à l'ouvrier moral, qui seul économise, paye et achète. Mais ce sont surtout les mauvais ouvriers qu'il importe de moraliser. Adoptez donc un système qui exerce une influence moralisatrice sur tou le monde. La propriété, si elle a ses charmes, a aussi ses charges. N'arrive-t-il jamais qu'elle rende égoïste, avare ; au lieu de s'en servir comme d'un échelon pour mener à l'amélioration morale, vous arriverez plus sûrement et plus généralement surtout, au même but, par la simple extension du bien-être et du confortable de la vie.

Le Familistère, au contraire, ah ! celui-là n'est plus une glèbe de la fabrique ! On entre aujourd'hui ; on sort demain, sans rien perdre, quitte envers tout le monde. L'ouvrier, pour vivre si près de ses pairs, n'en est pas moins chez lui. Mais enveloppé, pour ainsi dire, dans une association fraternelle, il puise, dans l'exemple de ses voisins, une émulation incessante. C'est une rivalité de chaque jour et de chaque heure, pour le bien-être, la propreté, l'élégance et la dignité. La fréquentation quotidienne de ses semblables ne lui permet ni dissimulation, ni désœuvrement, ni vices, fruits trop communs de l'isolement et de l'insociabilité. Il n'a pas à redouter l'œil d'un argus ou d'un espion, mais l'horreur d'une action mauvaise grossit aux propres yeux du coupable par la divulgation qui s'en produit immédiatement. Est-ce que, d'ailleurs, en même temps que la diminution des frais généraux déverse chaque jour sur l'hôte du Familistère comme une bienfaisante rosée d'aisance relative, est-ce qu'il n'y a pas là une communauté de vie qui constitue le véritable bonheur de l'existence et ajoute encore, s'il est possible, aux paisibles jouissances de la famille? On travaille en commun, on se repose en commun. Une douce fraternité transmet partout une chaleur communicative qui civilise, et la continuité d'un loyal contact apaise les sentiments hostiles.

Malgré ce que ces réflexions contiennent de vrai, il nous est impossible de ne pas donner hardiment la préférence au système de Mulhouse. Sans revenir sur ce que le goût de la propriété individuelle a de ténacité vivace dans l'esprit et le cœur de l'homme, les inconvénients qu'on reproche au système de Mulhouse sont d'une évidente exagération, et les idées de liberté et de dignité sur lesquelles repose le Familistère nous semblent perdre dans la pratique la plus grande partie de leur valeur.

Les partisans exclusifs du *Familistère* ou établissements communistes, raisonnent presque toujours dans des cercles vicieux. Ils disent qu'un capital argent, réalisable, vaut mieux et plus qu'un capital immeuble indisponible. C'est peut-être contestable dans une certaine mesure; aujourd'hui, en effet, ne se plaint-on pas de l'extension abusive des valeurs mobilières? Les esprits impartiaux et prudents ne s'en émeuvent-ils pas? N'y a-t-il pas partout affluence de valeurs qui ne reposent que sur l'aléa, et qui, pour les classes pauvres notamment, n'offriront jamais la sécurité d'une maison ou d'une terre? Pourquoi, dès lors, les pousser ainsi dans les voies de l'incertitude? On considère quelquefois comme une œuvre gouvernementale merveilleusement habile ce qu'on appelle la *démocratisation des valeurs*; on crie bien haut que par cette diffusion de richesse on associe tous les citoyens à la durée des gouvernements et que chaque rentier, actionnaire ou obligataire de plus, est un révolutionnaire de moins; que cette masse prodigieuse de porteurs de titres si variés est ainsi enveloppée dans un ingénieux filet qui, prenant l'homme par ce qu'il a de plus sensible, par l'intérêt, le pousse, bon gré mal gré, à l'esprit d'ordre et de conservation. Tout en admettant ce que ce calcul peut renfermer d'habile s'il est vrai, comme on le proclame, que ce soit un calcul, il y aura toujours, hélas! bien des gens qui, ne possédant rien, ne seront, dans leurs passions et leurs instincts, arrêtés par aucune considération de cette nature. Si ce système est un préservatif contre quelques meneurs, combien ne sera-t-il pas insuffisant pour arrêter un flot qui, sans trop savoir pourquoi et sans songer à ses minimes intérêts, suivra aveuglément le branle qui lui sera donné !

Mais la vraie question n'est pas là. Reconnaissons, si 'on veut, que les placements mobiliers, par leur élasticité et la commodité de leur réalisation sont, pour l'ouvrier lui-même, les meilleurs de tous. Supposons même gratuitement que l'artisan choisira, en fait de valeurs, ce qu'il y a de plus solide, sans se laisser allé- cher par le mirage des dividendes excessifs, ou séduire par le taux exorbitant et illégal de l'intérêt qu'on paye exactement, dans les premières années du moins. Ce qu'il importe bien autrement de savoir, le voici : Ce ca- pital, s'il ne l'immobilise pas, l'accumulera-t-il? l'épar- gnera-t-il? Par la combinaison mulhousienne, il a un but net, précis, envié, honorable : devenir propriétaire. Il paye plus qu'un simple locataire, soit. Mais cet excé- dant est mis, en quelque sorte, à une caisse d'épargne d'un nouveau genre. S'il n'a pas le même loyer à payer chaque mois, s'il dépose provisoirement son argent dans sa tirelire, sera-t-il assez vertueux pour ne pas le dé- penser, quand il l'aura toujours sous la main comme un excitant? se modérera-t-il? placera-t-il ces petites sommes? Le Familistère dit oui. C'est la question par la question. Ne savons-nous pas que les fabricants de Mulhouse n'ont jamais pu constituer une caisse d'épargne en retenant 2 pour 100 sur le salaire de leurs ouvriers? et n'est-il pas plus sûr, puisque nous avons un bon moyen de mener à l'épargne, de nous en servir sans conteste? On reproche aux cités de Mulhouse de n'être bonnes que pour l'ouvrier laborieux et éco- nome, et de ne rien faire pour les autres. C'est déjà beaucoup que de venir en aide au travailleur qui en est digne! Mais, en vérité, si le désir de la propriété ne produit rien chez des hommes récalcitrants à l'intérêt, qu'est-ce que produiront des conseils et des préceptes chez un individu plus sourd encore aux règles de la sagesse qu'à la voix de son avantage?

Il est vrai de reconnaître que le système des Familistères est éminemment propre à l'augmentation du bien-être physique. C'est un résultat énorme, considérable. Mais ce n'est pas tout. Ainsi, à Guise, il ne semble pas possible, matériellement parlant, de pousser plus loin les profits de l'association. Nulle part, on ne verra des travailleurs jouir de plus d'agréments et avoir plus de commodités de toutes sortes à leur disposition. Malheureusement on est en droit d'adresser à ce même Familistère un reproche spécial d'une grande gravité. L'éducation morale et religieuse y est négligée. Et c'est là ce qui explique sans peine, pourquoi le Familistère rencontre dans le pays tant d'adversaires convaincus, au point de leur faire oublier les généreuses et ardentes intentions de son fondateur. Est-il raisonnable de ne pas chercher à développer dans l'intelligence et le cœur de l'ouvrier des principes de moralité religieuse? Comment se cramponnerait-il à cette morale insaisissable et rocailleuse, qu'on appelle la morale naturelle? Ne se trouve-t-il pas trop porté déjà à rabaisser tout au niveau de la matière? Ne lui apprendra-t-on rien de plus élevé? Qu'il soit bon de lui inculquer l'idée de sa propre dignité, très-bien ; mais, au moins, que cette dignité consiste dans la pratique d'une austère et irréprochable morale, qui, en général, ne saurait exister fructueusement, sans être couronnée par une croyance religieuse. L'aisance de la vie, le luxe du costume, la cordialité des relations, rien de tout cela n'est à dédaigner, mais l'homme possède une âme qui rêve d'autres désirs et nourrit de plus hautes espérances. Sous prétexte de ramener l'homme à son état naturel, de le replacer dans la situation dans laquelle il était à la sortie des mains de son créateur, on ne peut pas remonter le courant de la civilisation, nier ses enseignements et rejeter au loin les progrès qu'elle nous a donnés. Dans ce *palais du travail* qui remplace la hutte du sauvage, l'homme ne saurait se passer d'un culte, et le vague de la morale universelle ne suffit ni à son perfectionnement ni à son bonheur.

Le Familistère de Guise renferme enfin un inconvénient capital, commun, celui-là, à tous les familistères, et qui doit empêcher les amis de la classe ouvrière d'entrer dans la même voie, au moins sur d'aussi larges bases. La vie d'un homme n'est rien. Que deviendra l'établissement à la mort de son fondateur ou de son héritier, s'il en a un ? Voilà une éventualité qu'un observateur sérieux ne saurait se dispenser d'envisager. Il est singulier que tous les auteurs qui, à notre connaissance, ont consacré leurs études au Familistère, se soient obstinés à ne pas entamer ce chapitre essentiel de considérations. Quand on propose l'extension d'une œuvre, lorsqu'on la soumet à l'imitation d'autrui, il ne suffit pas qu'elle naisse, il faut encore qu'elle ne soit pas éphémère et qu'elle dure au delà de la courte existence de ses fondateurs.

Cette face épineuse du sujet préoccupe d'ailleurs, entre toutes, M. Godin lui-même. D'une nature songeuse, excessivement réservé dans ses explications, il garde toujours, quand on l'interroge sur ce point, un demi-silence énigmatique. Il a cependant la ferme volonté de trouver une solution. Il la cherche avidement et la trouvera peut-être ! mais quelle pourrait-elle être ?

Quelque vastes que soient ses pensées et ses désirs, il est, comme nous, aux prises avec de véritables difficultés pratiques et légales.

A qui reviendra plus tard la propriété du Familistère ? à qui la direction ? à qui la responsabilité ? Voilà certes des interrogations embarrassantes que, du moins, on s'épargne dans le système de Mulhouse.

Bien évidemment, la propriété du Familistère pourrait être confiée à un légataire du choix du fondateur. Mais ce légataire ne se rencontrera pas aisément. On ne trouve pas toujours un homme qui continue votre œuvre, épouse vos volontés et s'approprie pleinement la grandeur de vos projets.

Aussi la pensée vraisemblable de M. Godin serait-elle de constituer une société, de faire, tôt ou tard, à sa mort ou avant, une vente de sa propriété aux habitants de l'établissement. Il voudrait, sans doute, mobiliser le Familistère. Il le diviserait en actions. L'action serait cessible. Elle circulerait entre toutes mains. Chaque porteur, en l'acquérant, aurait droit au bénéfice d'une habitation et en supporterait les charges. Mais enfin, pour en arriver là, au moins faudrait-il une société par actions légalement établie. Quel en sera le personnel ? Au milieu du va-et-vient des ouvriers, des recrues nouvelles, des pertes et des décès, il y a une oscillation d'associés qui, mobile comme le sable, ne permet d'asseoir aucuns statuts, d'édifier aucun contrat permanent. Créer cette société entre les habitants actuels à un moment donné, c'est donc travailler pour une heure, pour un jour au plus.

Si l'établissement était, de par décret, élevé au rang d'un établissement public, il constituerait du moins une personnalité morale, toujours vivante; mais le sera-t-il ? c'est l'incertain.

En mettant les choses au mieux, en supposant la formation d'une société en commandite par actions, il faudrait encore un gérant personnellement responsable. Quel serait ce gérant? Serait-il délégué par le fondateur? L'administration appartiendrait-elle à un conseil, à un comité intelligemment composé par le propriétaire lui-même? Les ouvriers choisiraient-ils eux-mêmes un représentant, avec ce qu'une pareille élection offre de conjectural et de périlleux? De tous côtés, les embarras, les difficultés, la crainte des divisions et l'impossibilité probable d'une longue entente! Et si, pour un motif ou pour un autre, l'usine ne marche plus, si la fabrication actuelle ou future vient à cesser, si elle se dirige vers une autre destination, si la production se métamorphose, si les ouvriers sont contraints de se déplacer et d'aller chercher du travail ailleurs, n'est-ce pas le cas de dire que les capitaux qui ont élevé le *château du travail* sont maintenant perdus, que voilà bien une valeur anéantie dans une immobilisation devenue inutile, et qu'après avoir facilité l'agglomération des bras sur un point donné, on sera forcé de renvoyer inoccupés, ces travailleurs, qu'on privera en même temps des facilités de la vie auxquelles ils se sont habitués?

Sans aller jusqu'à ces éventualités extrêmes, au demeurant, il est à remarquer que le système du Familistère ne pousse pas l'ouvrier à sortir de sa position. Il reçoit de bons salaires. Il a à sa porte les objets nécessaires à l'existence à très-bon compte. L'avenir ne le préoccupe pas. Comment ne vivrait-il pas au jour le jour et ne s'engourdirait-il pas dans le présent? A Mulhouse, le travailleur continue toujours d'être salarié, mais au moins il monte à la surface de la propriété. Ici non, au moins, jusqu'à nouvel ordre. Il est vrai que des économistes ont indiqué cette idée, qu'avec le temps, le fabricant patron disparaîtrait du Familistère et ferait place à une sorte de coopération entre ouvriers, à une société de production agricole ou industrielle, à une exploitation personnelle et commune. Mais tous les capitalistes seront-ils disposés ainsi à consacrer à un pareil usage une valeur immobilière si importante? Et, au cas même où ils le voudraient, nous avons toujours à nous demander sur quelles bases s'établiront cette société et l'entente durable des associés.

Tels sont les motifs pour lesquels, sans hésiter, nous donnons hardiment la préférence aux cités de Mulhouse.

Mais ce n'est pas une raison pour n'admettre qu'un système exclusif, et l'exagérer. Ainsi, ce serait une véritable illusion que de généraliser la pensée de Mulhouse au delà de ses termes raisonnables, et de croire, comme on l'a dit, qu'on en arrivera à la *suppression des loyers par l'élévation de tous les locataires au droit de propriété.* Cette suppression radicale est une utopie. Des esprits hardis l'ont pourtant proposée. L'idée ne tiendrait à faire ni de la charité ni de la police. Des édifices réuniraient une centaine de ménages, isolés toujours dans leur vie privée, réunis pour certains agréments de société. *Le monde est à rebâtir !* dit-on. Ce régime nouveau serait pour la vie ce qu'a été, pour la locomotion, la substitution du chemin de fer aux anciennes voies de communication. Les inventions de la *machine à vapeur,* du *bateau à vapeur,* du *télégraphe électrique,* auraient leur analogue appliqué à l'habitation dans je ne sais quel *type architectonique* nouveau ; *un million* suffirait comme *capital initial.* Avec *deux millions,* le palais serait aristocratique ! L'État, pour stimuler l'activité privée, accorderait une garantie d'intérêts à 4 ou 5 p. 100 aux capitalistes. Le prix des logements serait abaissé. Les loyers se transformeraient en titres de propriétés acquis par des annuités payables par tout le monde. Les denrées, achetées en gros et revendues en détail, seraient meilleur marché. L'hygiène et le bien-être se développeraient dans des proportions inconnues. . . . . Mais c'est un mélange du système de Mulhouse et du Familistère de Guise. Il n'y a rien là de si neuf! De ce qu'on vante tant il y a déjà des exemples, et, une dernière fois pour toutes, cette communauté excessive révèle des dangers que le mirage des belles phrases ne fait pas oublier.

Ce n'est pas à dire, d'un autre côté, que l'idée du Familistère doive toujours être combattue dans des termes aussi rigoureux que nous l'avons fait pour le Familistère de Guise. Lorsqu'il n'existe pas de sociétés privées pour construire des maisons ouvrières, bien avisé serait le patron qui, chez lui, près de son usine, dans une maison voisine appropriée à cet usage ou bâtie exprès, logerait des ouvriers, leur donnerait ainsi le premier bien-être de l'existence et acquerrait sur eux cet empire légitime, cette influence salutaire qu'il emploierait à les diriger dans les voies de l'épargne et de la moralisation. Mais en nous restreignant à des logements dont le nombre serait limité et l'étendue mesurée, si, ce qui est vrai, nous n'avons plus une économie aussi appréciable sur l'ensemble des frais généraux, du moins nous n'avons pas non plus les inconvénients multiples d'un vaste Familistère. Il est à regretter que des patrons puissants, lorsqu'ils ne trouvent pas autour d'eux appoint de sympathie et communauté d'idées, ne s'appliquent pas davantage à loger eux-mêmes sainement et moralement la majeure partie de leurs ouvriers. Une entreprise de cette nature ne donnerait pas de bénéfices usuraires. Mais elle ne nécessiterait pas la mise dehors d'une grande quantité de fonds, et ne serait certainement pas une spéculation mauvaise. Sans dépenses considérables, sans dangers et sans risques pour l'avenir, le but n'en serait pas moins atteint.

Mais là où les patrons auront la possibilité de s'associer, qu'ils le fassent et qu'ils s'attachent à développer et à satisfaire chez leurs locataires-acquéreurs, le goût si vif de la propriété territoriale. A Saint-Quentin, il y a quelques années, il s'était formé une *Société des cités ouvrières* (1). Elle a échoué. N'y a-t-il pas lieu de la reconstituer et de reprendre en sous-œuvre la pensée qu'elle se proposait. Les statuts étaient excellents. Ce qu'elle voulait, c'était construire des maisons pour une seule famille sans communication avec les autres, et qui comprendraient un jardin. Elle aurait acheté les terrains nécessaires à ces constructions, à l'établissement de larges rues et aurait fondé des lavoirs et autres établissements accessoires, si utiles à tout le monde. Les associés s'interdisaient, suivant la clause habituelle, tout droit à un bénéfice quelconque en dehors des intérêts de 5 p. 100 de leur capital remboursable. Cette stipulation assignait nettement le caractère de l'œuvre. Il était entendu que les logements seraient construits sur deux emplacements au moins, situés des deux côtés opposés de la ville, de manière à favoriser également les ouvriers des divers quartiers. Le capital social avait été fixé à 200,000 fr. 133,000 fr. étaient souscrits. Il ne restait plus qu'à obtenir le surplus, soit 65,000 fr.,

(1) Rapports sur sa création et sa dissolution, par MM. Bénard et Calixte Soupplet. *Annales de la Société académique* des années dernières.

du Gouvernement, sur la coopération pécuniaire duquel on comptait. Pour un motif ou pour un autre, on ne les obtint pas. Désireuse de rester inexorablement fidèle à ses statuts, la société dut se dissoudre. Le chiffre des souscriptions obtenus ne permet pas cependant de douter du concours des personnes influentes du pays. Ne leur sera-t-il pas fait un nouveau et plus heureux appel? Non, la question n'est pas morte. Il n'en faudrait pour preuve que la question que la société académique mettait l'année dernière au concours et qui, précisément, n'était autre que celle des cités ouvrières. De la théorie, elle se transportera tôt ou tard sur le terrain de la pratique. Après l'Alsace, Saint-Quentin, qui possède avec elle de saillantes analogies, doit donner l'exemple à d'autres villes.

L'écueil le plus à redouter serait de vouloir, dans l'avenir, réédifier l'œuvre sur des plans trop vastes. Les dépenses sont plus grandes, les défiances plus vives, les découragements plus intenses, les oppositions plus aisées. Ce qu'il importe, c'est de commencer sur un pied raisonnable, sur une échelle modérée. Il n'est pas besoin pour réussir de s'organiser à l'instar de ces immenses sociétés immobilières qui, dans les principales villes de France, bâtissent tant de palais et ne font rien pour la partie modeste et laborieuse de la population !

On lira d'ailleurs avec fruit les conseils pratiques que M. Poriquet de Maisonneuve a formulés dans son mémoire, encore inédit, qui a obtenu les honneurs du concours académique de Saint-Quentin. En dehors des idées analytiques de détails précis dont son travail est plein, il est bon de généraliser et de conclure. Sur la plupart des données importantes, ceux qui se sont occupés de ces questions sont d'accord aujourd'hui. Le reste serait perfectionnement et amélioration. Le dernier mot resterait à l'expérimentation.

En première ligne, il convient de ne pas considérer la construction des cités ouvrières comme une œuvre de charité, mais bien de les envisager en même temps comme une spéculation. Trop de gens hésiteraient à les entreprendre sans un mobile autre que le seul désintéressement et la philanthropie. On peut aisément, dans les constructions ouvrières, retirer 5 p. 100 de son argent. N'est-ce pas un revenu suffisant et sûr. Le Familistère de Guise, lui-même, couvre ses frais et donne 5 à 6 p. 100 d'intérêts. M. Godin l'assure ; il repousse obstinément toute idée de bienfaisance. Son établissement, d'après lui-même, n'est pas une œuvre de charité, mais une affaire. L'appel est donc fait non-seulement aux hommes dévoués, mais encore et surtout aux capitalistes, à ceux-là surtout qui emploient des ouvriers nombreux au service de leur industrie. D'ailleurs, l'ouvrier, le bon ouvrier principalement, ne voit jamais avec plaisir qu'on l'aide d'une aumône. Il aime mieux payer les services qu'on lui rend. Il préférera donc traiter avec un entrepreneur plutôt qu'avec un bienfaiteur.

Il va de soi qu'on aura soin de choisir, pour bâtir, un emplacement qui ne sera pas trop éloigné des lieux du travail ; mais il sera bon également de ne pas parquer les cités ouvrières dans un quartier spécial. Il est désirable que les classes ouvrières ne se concentrent pas sur un point déterminé, ne s'isolent pas, mais se mélangent et se répartissent au milieu des couches diverses de la population.

On agira sagement en constituant, autant que possible, chaque locataire, propriétaire exclusif chez lui. La communauté est une source intarissable d'incommodités et de discorde. Il n'y aura donc rien de commun, excepté certains objets d'utilité générale, tels que les lavoirs, etc.

Le chez soi doit être tellement respecté que les sociétés ouvrières devront donner la préférence à un système d'escaliers distincts aboutissant à chaque appartement, plutôt qu'au système d'un escalier unique qui donnerait accès à toutes les chambres par un seul couloir.

Chaque pièce sera d'une dimension suffisante, non-seulement pour l'usage de sa destination, mais encore pour la commodité et la salubrité, soit dix mètres carrés.

On attachera de l'importance à tout ce qui de près ou de loin aura trait à une question d'ordre ou de propreté. On fera des trous à balayure hermétiquement clos, dans lesquels se déposeront les détritus du ménage; on aura soin que les ordures se rendent directement dans les égouts. On pourra, pour éviter toute querelle de voisinage, tout conflit de domesticité, lorsqu'on ne pourra pas éviter une certaine communauté, mettre à la charge de chaque locataire, à tour de rôle, le balayage de l'escalier et des corridors communs, ou, mieux encore, en charger une ou deux personnes spécialement rétribuées.

Pour assurer la moralité de ces habitations, on jugera sans doute à propos de ne pas admettre les célibataires dans les maisons où logent les personnes mariées ; on exclura autant que possible les jeux de hasard, et on proscrira sévèrement l'usage des liqueurs fortes. On exigera quelquefois, sous peine d'amende, que le soir on soit rentré avant telle heure déterminée. Partout il sera avantageux de fonder une petite bibliothèque à la portée de la généralié des intelligences et d'y adjoindre quelques journaux illustrés, par exemple, qui instruisent, délassent et amusent.

A côté de ces remarques générales, il est aisé de concevoir ce que l'expérience et la pratique engendreront de modifications utiles. Ici on concédera un certain espace de sol nu à ceux qui se chargeront personnellement de bâtir. Les capitalistes auront la faculté de se montrer très-larges, suivant les circonstances, soit pour le prêt des matériaux, soit pour d'autres avances. Là on distribuera des primes et des prix de propreté aux habitants qui auront le mieux tenu leur appartement. Certains industriels donneront le logement lui-même, à titre de prime, à ceux de leurs ouvriers qui se seront montrés les plus méritants, etc., etc.

Telles sont, entre autres, les combinaisons variées qui, dans la question si importante des logements ou-

vriers, gravitent autour des solutions principales. Plutôt que de ne rien faire, mieux vaudrait encore certainement, sans bâtir des maisons conformes à ces règles,
approprier, comme on le pourrait, certaines maisons
existantes, à l'habitation des ouvriers. Ce serait un
premier pas et tant de familles sont si salement, si mi-
sérablement logées qu'un pareil progrès serait déjà
considérable. Au fur et à mesure qu'on fera des tentatives, les meilleures idées se dégageront de plus en
plus et ne serait-ce pas une belle récompense si des
logements ainsi édifiés contribuaient à faire respecter
et aimer la famille, à créer au profit des parents et des
enfants un sanctuaire de moralité et de bonheur?

CHAPITRE VII.

——

L'IVROGNERIE ET SES REMÈDES.

Causes de l'ivrognerie. — Les ouvriers adonnés à l'ivrognerie sont-
ils absolument sans excuses? — Quels sont les moyens de réprimer ce mal? — Moyens légaux. — Sociétés de tempérance. —
Sévérité des patrons envers leurs ouvriers. — Ce que pourrait
faire une *Société industrielle* de patrons. — Payements à la semaine ou au jour le jour. — Création de syndicats et de juridictions ouvrières.

Nous avons dit que le paupérisme ne dépendait pas
de l'infériorité du salaire. Il est même vrai d'ajouter,
en thèse générale, que plus les ouvriers gagnent plus
ils dépensent, de sorte qu'ils ne sont jamais plus riches.
Lorsqu'on recherche les principaux motifs de ces dépenses continues, il n'y en a pas de plus affligeante et
de plus considérable que le cabaret. L'ivrognerie est
la véritable plaie des classes inférieures. Les causes de
ce vice sont multiples. Tantôt c'est le mauvais exemple
que les jeunes générations reçoivent de leurs parents
dès l'enfance; une pareille contagion se développe vite.
Tantôt c'est l'oisiveté du dimanche qu'il n'est pas rare
de voir prolonger dans le courant de la semaine. Tantôt
enfin c'est le bas prix des spiritueux et le nombre toujours croissant des cabarets qui s'élevait à un demi-mil-

lion en 1860, véritables foyers d'immoralité pour la plupart, puisqu'on y débite l'eau-de-vie qu'on a justement appelée le *vade-mecum* du vice sous toutes ses ormes. L'ouvrier y boit d'abord par imitation, sans plaisir, presque par respect humain, uniquement pour faire comme les autres et éviter les quolibets de la plaisanterie. Peu à peu il y prend goût ; ce goût grandit et devient une passion.

Qui a bu boira. Il est pour ainsi dire dans la nature de l'ivrogne, quand il est un véritable ivrogne, de ne pas pouvoir se corriger. On a vu des hommes, honteux de ce vice, obligés de s'imposer la privation de la plus minime quantité de boissons alcooliques pour ne pas retomber sous le joug de leurs anciennes et détestables habitudes. Cette passion de boire quand même est une des sources principales de toutes les calamités sociales. Elle est la mère de toutes les rixes, de tous les délits et de tous les désordres des ouvriers. Elle engendre les crimes, les aliénations mentales, les morts subites, accidentelles et prématurées. On peut en croire un médecin qui disait récemment devant l'Académie des sciences : « J'affirme que l'abus des boissons alcooliques est de- « venu dans cette seconde moitié du XIX⁰ siècle une « question sociale de la plus grande importance et un « péril public »

Croirait-on qu'en France, dans la Seine-Inférieure, une petite ville de neuf mille habitants, a consommé en une année, comme le calcul en a été fait, vingt mille hectolitres d'alcool ! Il est vrai qu'en 1832 un docteur calculait que les liqueurs absorbées en Angleterre, pendant un an, formeraient une rivière de 9 kilomètres, large de 3 mètres 50 et profonde de 4 mètres 60 !...

Soyons juste, cependant. L'ouvrier n'est pas absolument sans excuse. L'ivrognerie est presque la seule passion qui puisse satisfaire la sensualité de sa gourmandise. Le bourgeois, lui, va au café d'abord ; mais ensuite il est bien nourri, et, dans les jouissances de la table qui d'ordinaire ne lui manquent pas, il sait s'arrêter à temps ; il mesure les forces de son estomac et allie la bonne chère à la prudence ; il ne lui arrive pas d'ailleurs de travailler sous les ardeurs du soleil, ou au souffle du feu des machines. C'est ce que reconnaît avec raison M. Louis Reybaud quand il dit :
« La passion du cabaret est-elle absolument sans ex-
« cuse, quand on voit la ligne de nos boulevards se con-
« vertir d'un bout à l'autre en une longue tabagie ?
« Pourquoi l'ouvrier serait-il si coupable de déserter le
« soir sa maison, quand c'est la manie universelle et
« qu'à la vie des salons succède peu à peu la vie des
« cercles où se perdent les vestiges d'une société
« polie ?... Toutes les remontrances, tous les conseils
« ne valent pas un bon exemple, et quoi qu'on en ait
« dit, la société se met en harmonie avec elle-même.
« On ne peut pas donner dans les rangs élevés le
« spectacle de mœurs relâchées, de consciences perver-
« ties, d'appétits déréglés, sans s'attendre à retrouver
« en bas, sous une forme plus grossière, les mêmes dé-
« faillances, le même désordre et les mêmes abaisse-

« ments, On ne recueille que ce qu'on a semé. » Un
autre écrivain, M. Cochin, a dit dans le même sens :
« L'augmentation de la richesse, dans les classes su-
« périeures, au point de vue de la sobriété, n'a pas de
« meilleurs résultats que dans les classes ouvrières; si
« les gros salaires mènent au cabaret, les gros revenus
« mènent souvent au café, au cercle, au théâtre et aux
« mauvais plaisirs. Tout accroissement de puissance,
« matérielle ou intellectuelle, est pour l'homme un ins-
« trument de bien ou de mal. » Oui, chaque classe a ses
plaisirs et aussi ses vices.

En haut, l'immoralité est plus élégante ; elle s'abrite
sous les dehors gracieux de la galanterie ; elle se dissimule sous les séduisantes apparences du luxe. Que de
gens qui crieront sans trêve ni merci contre les excès de
la classe ouvrière, mais qui se renfermeront dans l'é-
goïsme et la prodigalité, qui, poussés par une émulation
malsaine, brilleront à tout prix, *per fas et nefas*, en
gaspillant inutilement autour d'eux ce qui ferait la fortune de plusieurs honnêtes familles ! Ces passions sont
moins avilissantes, bien évidemment, mais elles sont la
conséquence du milieu social dans lequel elles se développent. Du moins faut-il retenir ceci, qu'il serait juste
d'être plus indulgent pour autrui et plus sévère pour
soi-même.

Quoi qu'il en soit, quel bien ne ferait-on pas à la famille et à la société, en luttant pied à pied contre l'i-
vrognerie ! Sans pousser un cri d'alarme exagéré, sans
croire qu'elle s'étende activement des villes dans les cam-

pagnes, ce qui est assez difficile à constater exactement,
et qu'elle gagne même le sexe féminin, du moins ne saurait-on rien faire de mieux pour moraliser et développer
la vie de famille que de s'attacher à diminuer ce fléau
individuel et social; car, suivant la parole de Massillon,
« ce qui met de l'ordre dans l'homme peut seul le
« mettre dans les états. »

Des esprits sérieux ont cherché une arme contre l'i-
vrognerie dans l'arsenal de la loi et de la répression.
Des pétitions nombreuses écrites dans ce sens ont été
présentées au sénat. Elles ont échoué. Rien n'est plus
incertain et plus douteux, dans l'ordre de la vérité juridique, que d'envisager l'ivresse, même habituelle,
comme un délit ou une contravention. Il n'y aurait pas
de raison, en ce cas, de ne pas enrichir notre code pénal
de la répression formelle des sept péchés capitaux.
Voilà un obstacle de droit contre lequel tous les efforts
les plus opiniâtres sont venus se briser.

Certains préfets, animés d'intentions excellentes, se
sont lancés dans l'arbitraire en refusant d'autoriser
l'ouverture de nouveaux cabarets par cela seul qu'il y
en avait déjà un nombre suffisant. C'était de l'illégalité
dans un bon but, mais toujours de l'illégalité (1).

(1) Depuis que ces lignes étaient écrites, le ministre de l'intérieur,
M. Lavalette, a adressé aux préfets, à la date du 27 octobre, une
circulaire qui s'explique nettement sur la pensée de l'autorité, en ce
qui touche les cabarets :

« Il faut, dit cette circulaire, se garder d'**exagérer** les restrictions
« apportées à l'industrie des débits de boissons, en limitant à un chiffre
« déterminé d'avance le nombre de ces établissements qui peuvent

Des publicistes ont demandé l'interdiction totale ou
au moins partielle du commerce des alcools; quelques-
uns sont allés jusqu'à réclamer la suppression des
cabarets. On a fini cependant par voir que ces inter-
dictions ou suppressions étaient impossibles d'une manière générale ; qu'admises dans une mesure restreinte,
elles créeraient plus ou moins des monopoles fâcheux,
et qu'en violant la liberté de l'industrie, elles augmen-
taient le nombre des punitions préventives qui dans
une bonne législation sont les plus mauvaises de toutes.
Inutile de remarquer qu'il s'ajoute à toutes ces raisons

« se former dans une localité. Je ne saurais admettre que, lorsque le
« pétitionnaire présente des garanties d'ordre et de moralité, l'auto-
« risation d'ouvrir un débit lui soit refusée par le seul motif que les
« établissements de ce genre, déjà existant dans la commune, suffi-
« sent au besoin de la consommation. Ce système tendrait à consti-
« tuer une sorte de monopole au profit des débitants en exercice; il
« serait donc abusif et contraire à la liberté commerciale, qui, à
« moins de motifs d'une haute gravité, ne doit pas être entravée...
« Lorsqu'il s'agit de la fermeture d'un café ou d'un cabaret, il
« faut, usant d'une constante circonspection, s'entourer de preuves
« et de renseignements certains et surtout se tenir en garde contre
« des démonstrations qui seraient suggérées par la malveillance ou
« une concurrence cupide...
« Pénétrez-vous de la pensée du gouvernement qui ne doit pas être
« méconnue, comme elle l'est peut-être dans quelques départements
« où l'on s'attache à un système de restriction étroite, parce qu'on
« le suppose, à tort assurément, conforme à l'esprit de la loi et aux
« intérêts de l'ordre. Élevez-vous au-dessus des préventions exces-
« sives qui pourraient se manifester contre une industrie qui a droit,
« elle aussi, à une part équitable de liberté, chaque fois que les inté-
« rêts de la société ne sont pas compromis dans son développement.
« Quand vous hésitez, veuillez me soumettre vos doutes...
« C'est sur le terrain de la liberté et de la confiance qu'il faut se
« placer. »

un motif fiscal et que l'État ne s'enlèverait pas de gaîté de cœur la plus belle source de ses revenus indirects. Si, au point de vue de la perception de l'impôt, on se décidait à faire des réformes, ce qui conviendrait le mieux serait plutôt de dégrever les boissons saines et fortifiantes, telles que le vin, et de surcharger dans la consommation les boissons pernicieuses et alcooliques. Et franchement la chose fût-elle possible, on ne saurait rationnellement demander l'augmentation d'un droit qui s'élève à 90 fr., décime compris, sur l'hectolitre d'alcool.

Que pourrait-on faire encore dans l'ordre légal?

Reconduirait-on l'ivrogne trouvé sur la voie publique, à ses frais, jusqu'à son domicile ou jusqu'au poste voisin en le frappant, de par les décisions d'une justice sommaire, d'une amende de 1 à 16 fr.?

Élèverait-on l'amende en cas de récidive?

Irait-on jusqu'à la prison prononcée par le juge de paix au cas où une première comparution devant lui, suivie d'une réprimande paternelle, n'aurait produit aucun résultat?

Découvrirait-on une punition plus sensible dans la privation de certains droits politiques et civils, auxquels il pourrait bien se faire que l'ivrogne ne tînt pas beaucoup?

Pour nous, si la loi a une mission à remplir en pareille matière (et nous ne le croyons pas), ce serait sans aucun doute contre le cabaretier qu'il faudrait sévir. Le cabaretier est un homme qui, de sang-froid, pour un lucre sor-

dide et immoral, enivre un père de famille dont la raison
n'a plus déjà que des lueurs vacillantes. On serait pour
lui sans pitié, on n'aurait pas pour ses intérêts la plus
légère sympathie. On le traiterait avec la dernière des
rigueurs, au point de ressusciter pour lui les lois de
Dracon, la peine de mort exceptée. De quoi se plain-
drait-il ? On ne lui dirait rien quand il resterait honnête,
mais il n'est pas de tracasseries légales, d'ennuis admi-
nistratifs et de gênes fiscales qu'on ne lui prodiguerait
(toujours cependant en évitant l'arbitraire), chaque
fois qu'infidèle à l'honnêteté, il se ferait le complice et
le provocateur de l'ivrognerie. Par exemple, les préfets
et sous-préfets ne lui accorderaient l'autorisation d'ouvrir un débit qu'à des conditions de moralité bien
constatée. Ce serait exclure d'avance toute la catégorie de ces petits *bouges* et cabarets borgnes dont on
juge assez exactement l'intérieur à l'enseigne traditionnelle et fanée qui se balance devant la porte. — La
police surveillerait avec un soin méticuleux toutes falsi-
fications et mélanges des boissons vendues. Pour peu
qu'elle fût disposée à ne pardonner aucune altération,
le nombre des débits ne tarderait pas à se réduire
d'une manière notable. — Toutes les fois qu'un buveur
se serait enivré chez un débitant, on infligerait une
amende à celui-ci. A la première ou seconde récidive,
on fermerait impitoyablement son débit.

Voilà, je l'espère, une série de moyens énergiques.
Il serait bien difficile qu'ils ne produisissent pas quelque
effet. Malgré cela, cependant, la difficulté de la répres-

sion est telle, les constatations si délicates, les erreurs
si faciles, l'arbitraire, sous les yeux de la police, serait
exposé à fleurir si bien, que nous ne sommes pas sympathiques à l'emploi de pareils moyens. Notre conviction est formée. Dans l'état des choses, tant que
l'ivrognerie ne fera pas, ce qu'il faut croire, de plus
déplorables progrès, nous laisserons là la loi, et ne
demanderons de remèdes qu'aux mœurs du pays. Nous
irons jusqu'à rejeter la proposition singulière d'un
docteur suisse qui voudrait en revenir *à la chaise ou
cage tournante*. Cet instrument, disposé de manière à
ne pouvoir nuire à la santé de l'individu, tournerait sur
un pivot qui exciterait des nausées et vomissements
chez l'ivrogne, et par une saine application de la morale le punirait par où il a péché (1).

Plaisanterie à part, les mœurs ne travaillent pas
assez à l'extinction de l'ivrognerie. On parle souvent
des sociétés de tempérance sans les prendre suffisamment au sérieux. On dit cependant qu'aux États-Unis,
elles ont parfaitement réussi. Il y a peut-être danger à
s'en rapporter de tous points à ces ouï-dire complaisants
dont il ne nous est pas très-commode de vérifier la
complète exactitude. Mais la part de l'exagération faite,
elles ont certainement produit des résultats qu'il est
bon de chercher à réaliser. Le but de ces sociétés est
assez neutre pour que cette fois on n'y mêle pas des

(1) Voir, sur toutes ces questions, une discussion à la Société d'é-
conomie charitable, précédée d'un rapport de M. Bournat. (*Revue
d'économie chrétienne* de janvier 1865.)

discussions étrangères à leurs statuts. Les sociétés de
secours mutuels feraient bien d'admonester et ensuite
d'exclure avec acharnement leurs membres adonnés à
l'ivrognerie. Au bout de peu de temps, on n'en comp-
terait plus dans leur sein. En dehors d'elles, pourquoi
les ouvriers ne se réuniraient-ils pas, ne s'associeraient-
ils pas? Chacun signerait un règlement, s'engagerait à
ne point boire d'eau-de-vie, à n'en point faire le commerce, à n'en pas offrir à ses amis, à n'en fournir à
personne et à en faire cesser l'usage dans la *société*.
Ce serait le seul article des statuts. Suivant le tempérament des associés, il y aurait d'ailleurs des sociétés de
tempérance à deux degrés, les unes ne recommandant
qu'une modération raisonnable, les autres s'imposant
une abstinence radicale. Des réunions dans ce but, entou-
rées d'une certaine publicité, ne pourraient qu'engendrer de vrais avantages.

Mais ce qui serait surtout à désirer, ce serait que les
patrons prissent une part effective à ces sociétés; leur
concours serait même très-précieux. Qu'elles existent ou
n'existent pas, ils devraient s'entendre pour n'admettre
aucun ivrogne dans leurs ateliers. Celui qui manque-
rait à l'appel une ou deux fois le lundi, subirait, par
suite d'une jurisprudence constante, une légère retenue
sur son salaire. S'il persévérait dans son inconduite, on
lui donnerait congé. Je sais qu'on s'apitoie sur le sort
non pas de l'ivrogne, mais de sa famille; qu'on prétend qu'un pareil châtiment retombe sur la femme et
les enfants, qui sont parfaitement innocents. C'est là une

fausse pitié, et à peine de tourner toujours dans un cercle vicieux sans avancer d'un pas, il ne convient pas, sous prétexte d'épargner la famille, d'encourager indirectement l'ivrogne qui la ruine. Il y a dans ces questions un tact et une mesure dont les patrons ne se départiront pas. Toutes les fois que sans affaiblir leur influence ils pourront se montrer larges et généreux, qu'ils le soient ; mais il y a des circonstances où ils agiront sagement en ne se laissant aller à aucune concession.

Ce remède, tout moral et très-bon, ce qui l'a empêché de réussir jusqu'ici, c'est qu'il n'y a pas eu entre les patrons une entente assez intime. Partielle, la mesure est inefficace ; généralisée, elle réussirait infailliblement. L'expérience est là qui le prouve. A Sedan, ville de manufacture, les ivrognes abondaient. L'accord des patrons a raréfié le mal à ce point qu'un publiciste assure qu'un dimanche de Toussaint, le lundi et le mardi qui l'ont suivi, il n'a pas pu trouver dans la ville un seul ivrogne. Si c'est ponctuellement exact, ce n'est point peu dire. Cette convergence des volontés vers un pareil résultat serait une suite naturelle de l'existence d'une *société industrielle* calquée sur celle de Mulhouse. Son premier effort se dirigerait de ce côté.

Elle aurait recours, pour assurer son action, à quantité de moyens indirects qui rendraient plus facile la sobriété de l'individu. Le plus puissant ennemi du cabaret est la vie de famille. On n'irait certainement pas

au cabaret si l'on avait chez soi quelques boissons fortifiantes. C'est un des motifs, entre autres, pour lequel,
chose singulière! il est très-rare de rencontrer des
ivrognes dans les pays qui produisent du vin. Il faut
aller dans le nord et dans les pays à bière pour voir les
gens s'abrutir et s'abêtir dans l'ivresse, surtout dans le
nord de la France où les ouvriers, très-tranquilles d'ailleurs, déparent leurs qualités par cet ignoble défaut.
Combien n'est-il pas fâcheux, indépendamment de
l'élévation des droits d'octroi, que le vin coûte si cher,
ailleurs que dans le midi. Le vin, sur les bords de la
Méditerranée, revient à 07 c. le litre. Avec un tarif
libéral, il serait transporté à Paris à raison de 05 c.
par litre. Même en lui imposant les droits d'entrée actuels, il ne dépasserait pas 35 c. le litre. Quelle différence avec nos prix réels !

Mais enfin, en dehors de cette réforme, dans la situation telle quelle, une société de patrons créerait,
comme à Mulhouse, des restaurants où les comestibles
seraient de bonne qualité, les boissons saines et leurs
prix réduits; on consommerait sur place et l'on ven-
drait à emporter. Ce genre d'établissement ferait une
concurrence sérieuse aux cabarets; à lui seul, ce moyen
ne suffirait pas, mais il se réunirait aux autres, et ils
se fortifieraient tous mutuellement.

L'ouvrier se repose le dimanche pour obéir aux préceptes de la religion et aux lois de l'hygiène. Il n'y a
pas lieu de s'inquiéter de l'opinion de ceux qui prétendent avoir besoin pour vivre de travailler le di-

manche. Le corps a impérieusement besoin de repos: il en est ici comme de la durée de la journée. Douze heures de bon travail rapportent autant, règle générale, que quatorze heures d'un travail excessif. De même un bon ouvrier qui se reposera le dimanche gagnera autant, tout compte fait, et se portera mieux que s'il travaillait sept jours sans trève ni relâche. Ce repos si salutaire du dimanche, il faudrait en profiter pour donner aux ouvriers des leçons de moralité et en même temps des amusements honnêtes. Les classes élevées ont des distractions de toutes sortes. Il y a notamment chez elles un instinct de sociabilité qu'elles trouvent aisément à développer et dont la satisfaction est difficile chez les ouvriers. Aussi ceux-ci le remplacent-ils par les goguettes du faubourg et de la barrière. En dehors de la pipe et du bouge qui se transforme accidentellement en salle de danse, ils n'ont plus rien. Une société industrielle telle que nous l'avons indiquée, ne serait-elle pas apte à instituer des fêtes et des amusements le dimanche? Il serait à craindre que les ouvriers ne voulussent pas en profiter. Aussi devrait-on s'évertuer à ne pas créer des distractions à leur usage trop exclusif. Quand ils se voient parqués, séparés, ils se défient et se trouvent humiliés; c'est chez eux, un instinct vital. Nul moins qu'eux, cependant, n'est affecté de l'esprit de l'individualisme et du sentiment de l'égoïsme; ils aiment à se fondre avec la bourgeoisie; ils sont essentiellement opposés à une séparation des classes. En prenant note de ces sentiments respectables, certaines sociétés qui cherchaient à leur procurer le dimanche une soirée agréable, ont très-bien réussi ; elles ont eu recours non-seulement aux salles de lecture, non-seulement à des histoires racontées en commun, mais encore à des jeux de toute espèce. La présence des patrons serait loin d'y être déplacée et, tout en laissant à la porte leur autorité de maîtres, ils conserveraient toujours, par la force des choses, une influence et une autorité très-utiles.

Dans les mœurs ouvrières, le lundi offre encore plus de dangers que le dimanche. Par un préjugé fatal qui a ses racines dans un lointain passé, on met un point d'honneur à croupir toute la journée dans de hideuses habitudes au lieu de gagner honnêtement sa vie par le travail. Pourquoi le lundi plutôt qu'un autre jour ? Il est vrai que le dimanche est une fête, et qu'il n'y a pas de fête sans lendemain ; mais le vrai motif, c'es que la paye a lieu le samedi. On ne réfléchit pas assez à cette influence du jour et du mode des payements.

Pour bien faire, il faudrait que l'ouvrier achetât comptant. Il ne le fait pas et c'est chez lui un obstacle de plus à l'économie. Il prend donc à crédit, de sorte qu'il paye plus cher, qu'il se trouve dans une situation de dépendance vis-à-vis du fournisseur, qu'il perd une portion de sa liberté et que, par un effet déplorable autant que logique, il glisse sur la pente de l'insouciance et du désordre. Cet ouvrier que ruine insensiblement son crédit, est cependant lui-même en avance avec son patron. Son travail quotidien n'est pas payé au jour le jour ; il attend, pour en toucher le prix, une semaine ou une quinzaine. C'est alors qu'il liquide l'arriéré et que cesse momentanément une insolvabilité qui recommence aussitôt ; à ce point, qu'il n'y a pas d'exagération à dire que l'ouvrier est en faillite continue. Si les choses ne se passaient pas ainsi, si les payements s'effectuaient au jour le jour, vraisemblablement il ferait moins le lundi et épargnerait davantage. Ne recevant plus en une seule fois le salaire de huit ou de quinze jours, il ne se croirait pas aussi riche. Les illusions de son aisance éphémère se dissiperaient au jour le jour, et que de tentations disparaîtraient avec elles ! Il serait donc bon de payer tous les jours, chaque fois que cela serait possible. Mais, généralement, cette régularité serait gênante ; elle jetterait la caisse du patron dans des complications fastidieuses d'écritures et de comptabilité. Puis, lorsqu'il s'agit de payement à la pièce, qui varie selon la quantité et même selon la qualité du produit, on est obligé de recourir à des vérifications et à un contrôle qui ne peuvent pas matériellement s'exercer tous les soirs. Eh bien ! que dans ce cas, on cherche un équivalent. Qu'on délivre du moins des jetons, des à-compte, dont la caisse prendra note et qui se retrouveront au moment du règlement. Autant il importe que la caisse du patron ne soit jamais en avance sur le travail fourni, ce qui serait encourager l'imprévoyance, favoriser la paresse et provoquer les risques de l'insolvabilité du lendemain, autant, on l'avouera, il est regrettable que l'ouvrier, créancier d'une part, soit cependant obligé de vivre à crédit de l'autre. L'à-compte est le moyen pratique de maintenir l'équilibre entre les besoins du travailleur et les payements des manufacturiers.

Il est encore un autre moyen par lequel on est parvenu, dans certaines villes, à rompre et à dérouter les mauvaises habitudes, si invétérées qu'elles fussent. On ne le croirait pas; une simple transposition de jou" pour réaliser le payement de la semaine, par exemple le choix du mercredi ou du jeudi a suffi pour détruire l'influence du lundi. Petit moyen, toujours, mais qu'il ne faut pas négliger, s'il contribue à sortir l'ouvrier de sa régularité dans le vice et la débauche.

Si l'élément patron joue un rôle capital dans cet ordre d'idées, il est essentiel que l'élément ouvrier s'y trouve mêlé. Dans les sociétés de tempérance il figurerait au premier rang, puisqu'il se chargerait de recruter les membres titulaires. Dans toutes autres sociétés il importe encore que son rôle soit actif. Jadis, les ouvriers avaient leur organisation et leurs corporations. Ils se surveillaient, ils s'admonestaient, ils se jugeaient. A part la juridiction des prud'hommes, nous n'avons rien conservé de ce passé. Ces institutions tombaient en ruine dès avant la révolution de 89 qui en a balayé les derniers vestiges. En l'an de grâce 1866, le vent ne pousse pas, généralement du moins, à y revenir. Avec les idées de concurrence, de liberté de l'industrie, de libre échange, un flot de démocratie et un courant d'individualisme ont absorbé les convictions. Ne craignons pas cependant de dérober au passé ce qu'il avait de bon. Il ne manquera pas de gens superficiels ou ignorants qui s'obstineront à traiter de pareilles idées de routinières et d'antiprogressives, reproche inoffensif et banal. Il conviendrait au contraire, pour les ouvriers, de créer des syndicats et des juridictions de famille (1); ils ne seraient jugés que par leurs pairs. Dans le cas d'ivresse par exemple, si le patron ou la société de tempérance la punissaient d'une amende, ce seraient eux qui appliqueraient la peine et qui, en cas de difficultés, statueraient. Il y a, dans les ouvriers, bien plus d'instinct de justice et de légalité qu'on ne le remarque d'habitude. Cette magistrature embryonnaire et élective, les relèverait à leurs propres yeux. Les coupables eux-mêmes, fraternellement repris, respecteraient ses décisions en dernier ressort. La maxime *res judicata pro veritate habetur*, ne serait jamais mieux comprise. Un réprimande émanée de ce tribunal *sui generis*, fera plus de honte à l'ouvrier récalcitrant. Il y sera plus sensible. Infailliblement, l'ivrognerie perdra du terrain.

Mais un homme seul ne peut pas faire tout cela. Quoique rien isolément ne soit difficile, la volonté la plus tenace échouerait pour l'ensemble. Il est essentiel d'être plusieurs et même nombreux. Ils n'existent plus ces indignes patrons qui recueillaient chez eux les ivrognes que l'on chassait ailleurs et s'en constituaient la

(1) Voir une conférence sur l'ivrognerie, de M. Calixte Soupplet, un des membres les plus laborieux et les plus distingués de la Société académique de Saint-Quentin. (*Annuaire* de 1865-1866.)

providence, sans oublier cependant leur intérêt, parce qu'ils les payaient moins cher que de bons ouvriers. Non, ils n'existent plus. Dans une ville industrielle, on ne rencontre personne qui ne gémisse sur l'ivrognerie et ne s'appliquerait à la guérir. Tout est là. Avec ce mal rongeur, il n'est de possible ni progrès matériel ni amélioration morale. A l'œuvre donc. Laissons la loi dans son domaine respecté. Suppléons à son insuffisance et à son incompétence par l'action personnelle que centuplera l'action collective.

CHAPITRE VIII.

CRÉATION DE BUREAUX DE PLACEMENT
POUR LES OUVRIERS.

Divers moyens de procurer du travail. — Que faut-il penser de la création d'ateliers agricoles? — Bases d'un bureau de placement — Inconvénients d'une agence officielle et centrale. — Bureaux locaux et spéciaux établis par quartier ou par industrie. — Non-gratuité de ces bureaux. — Nouveau rôle des chambres syndicales dans les villes où elles sont établies. — Convient-il de demander au Gouvernement l'appui de ses fonctionnaires ?

Une œuvre bien utile aux intérêts de la classe ouvrière, serait celle qui consisterait à lui procurer du travail, toutes les fois qu'elle en manque pour une cause qui ne lui est pas imputable. La charité officielle et privée sont évidemment des moyens d'arriver là. Mais elles ne doivent venir qu'en dernier lieu et après que tous les autres systèmes auront été reconnus insuffisants. Or il en est deux principaux, l'un direct et l'autre indirect qui tendent à ce but. Dans le premier, l'institution donnerait elle-même du travail à faire. Dans le second, elle en procurerait chez autrui.

En fait de travail direct, les travaux de terrassement accomplis en temps de crise, pas plus que les ateliers nationaux proprement dits, n'ont été très-heureux. On propose encore cependant d'établir, près des villes, des espèces d'ateliers agricoles. On y ferait de grosses cultures jardinières et cette culture rétribuée serait dirigée par des bureaux de travail qui s'adjoindraient aux bureaux de bienfaisance dont ils seraient pour ainsi dire l'annexe. On dit même qu'à Saint-Quentin, depuis 1847, trois à quatre cents ouvriers ont parfaitement réussi dans cette voie (1).

Nous doutons fort du succès d'une pareille entreprise. Un tel travail, dirigé avec une vigilance médiocre, doit exciter chez le travailleur un zèle modéré. Tout au plus serait-il recommandable en temps de misère exceptionnelle. Mais appliqué comme on le souhaite, d'une manière permanente, il serait sans doute, en temps ordinaire, aussi insuffisant que peu profitable.

Mais il n'en est pas de même du travail indirect. Celui-là, on ne saurait trop chercher à en rendre l'accès facile aux ouvriers sans ouvrage et la forme sous laquelle on en arrivera là n'est autre que la création de bureaux de placement dans de bonnes conditions (2).

Il est visible, dans notre société, que depuis la suppression des corporations (la même idée revient toujours dans des questions de cette nature), la plupart des

(1) Conférence de M. Calixte Soupplet, sur les ateliers agricoles, dans le volume de la Société académique de 1862-1863.

(2) Voir une discussion sur ce sujet à la Société d'économie sociale, dans les *Annales* de 1866, à la suite d'un projet de M. Pariquet de Maisonneuve, receveur-économe de l'asile impérial de Vincennes

aides et soutiens qu'avait l'ouvrier, sont disparus. Dans
e compagnonnage qui a seul survécu, le *père et la
mère* ne donnent plus aucun renseignement utile. Il y a
plus. Les autorités locales ne voient pas d'un très-bon
œil l'existence de ces bureaux. Pour elles, ce sont toujours, plus ou moins, des cabarets, des gargottes et
des garnis dangereux. Il y a cependant là une idée féconde, qui, sous une bonne direction, sous une influence
saine, serait utile à l'endroit du travail et à la misère.
Dès il y a longtemps, Chaptal disait : « On doit main-
« tenir une institution qui fait connaître à chaque ouvrier
« voyageur les ateliers où on offre du travail. Déjà
« établie dans les grandes villes manufacturières, elle
« devrait l'être partout. C'est un moyen de prévenir
« le vagabondage, le vol et les autres actes de déses-
« poir auxquels un malheureux peut être porté par le
« besoin. Lorsque ces bureaux, formés auprès des mu-
« nicipalités et des prud'hommes, ne peuvent pas pro-
« curer de l'ouvrage, ils donnent des secours, des con-
« seils et empêchent souvent que l'ouvrier ne s'avilisse
« et ne dégrade son caractère. » ..

Malgré ce conseil, on ne fit rien ou presque rien dans
cette voie, et lors de son enquête sur l'état physique et
moral des classes ouvrières, M. Villermé déclarait
qu'il ne connaissait aucun exemple de création de ces
bureaux. La même idée fut reprise plus tard. Sous
la république, un représentant, M. Ducoux, porta à
la tribune la proposition de les rétablir. Que se-
raient-ils donc au juste et quelles seraient leurs bases?

Les chefs d'industrie, dans une ville donnée, indiqueraient à un bureau central toutes les places qui deviendraient vacantes dans leur personnel. Ce bureau, ainsi informé, donnerait à l'ouvrier qui les demanderait ces précieuses indications.

Cette institution présente, il est vrai, quelques écueils dont il faudrait se garder avec un grand soin. Le plus considérable serait de faire de ce bureau un grand ministère, une agence officielle à laquelle serait préposé un fonctionnaire hiérarchiquement nommé. Une grande bourse du travail, administrativement constituée, serait doublement défectueuse. Elle augmenterait l'intervention de l'État à laquelle le XIXᵉ siècle n'est pas sympathique et avec raison; puis elle déterminerait dans les grands centres, et à Paris surtout, une énorme affluence d'ouvriers; lorsqu'ils verraient qu'on s'occupe d'eux sérieusement il y aurait encombrement; ils compteraient sur autrui et au fur et à mesure que la fondation travaillerait davantage dans leur intérêt, ils travailleraient moins pour eux-mêmes.

Il demeure donc acquis, qu'en dehors de la surveillance, qui, dans ceci comme en toutes choses, appartient aux pouvoirs publics, l'État ne doit s'immiscer en rien, dans les rapports privés entre maître et patron. Il est acquis encore, que des bureaux centraux et généraux seraient éminemment dangereux. Pour être utiles, il les faut locaux et spéciaux; quelle sera cette spécialité? seront-ils établis par quartier ou par industrie? L'une et l'autre idée seraient très-praticables. En général, cependant, les bureaux par quartiers seraient moins compétents pour donner des renseignements sur toutes les industries locales dont ils embrasseraient, avec peine, l'infinie variété. Un bureau affecté à un certain nombre d'industries déterminées, les procurerait avec beaucoup plus de précision et de sûreté. Du reste, dans les villes moins importantes, où une seule agence pourrait comprendre tous les détails, un établissement unique suffirait.

Ainsi compris, les bureaux de placement ne réussiront encore qu'avec le concours des patrons et des ouvriers. Cette collaboration, si je puis ainsi dire, résulte de la nature des choses, puisqu'il s'agit de procurer du travail à celui qui en a besoin et de combiner l'offre et demande, c'est-à-dire précisément de mettre en rapport le capitaliste et le salarié. Une dernière observation est relative à la non-gratuité de ces bureaux. L'ouvrier ne paiera qu'un faible droit, mais il est bon qu'il paye. Sans cela, le service qui lui est rendu ressemble trop à une aumône. Il le dédaignerait. En lui imposant une rétribution déterminée, il répugnera moins à avoir recours à cet intermédiaire, et son versement, quelque léger qu'il soit, contribuera par ailleurs à solder les frais de l'établissement, ce qui n'est jamais à négliger.

Plus on scrute par la pensée le fonctionnement de pareils bureaux, plus on voit qu'ils correspondent à un besoin social, que de trop rares industries s'appliquent à satisfaire. *Les petites Affiches* donnent quantité d'indications utiles ; on les consulte avidement. Mais elles ne servent guère que pour Paris. Elles pèchent d'ailleurs, en ce sens qu'elles ne fournissent qu'une simple indication, sans vous mettre suffisamment en rapport avec celui dont vous avez besoin et sans détailler assez les conditions réciproques des engagements. Il y a encore des bureaux professionnels qui, fondés avec l'autorisation municipale et soumis à un tarif, sont des entreprises purement commerciales. Le plus usuel de tous, est celui qui place les domestiques et qui, soit dit en passant, ne contente pas très-souvent les maîtres qui ont recours à lui. De semblables industries ne sont certainement pas condamnables. Mais l'élément philanthropique y manque de tous points. Si les patrons, mûs par le désir d'être utiles à leurs ouvriers, s'empressaient, en ce qui concerne leurs diverses industries, de contribuer au succès d'un genre analogue d'établissement, il y aurait, dans leur gestion, de sérieux perfectionnements introduits. On ne verrait pas des ouvriers dignes d'intérêt, à la suite de crises, de chômages et de maladies, obligés d'aller frapper en vain à plusieurs portes. Pour les ouvriers médiocres et déclassés eux-mêmes, cette institution ne laisserait plus d'excuses ; et sous le fallacieux prétexte de ne pas trouver de travail ils ne pourraient pas s'adonner à la mendicité et à la paresse. Personne, cette fois, ne reprocherait plus au vagabondage d'être un délit.

A Paris, où il existe une cinquantaine de chambres syndicales, ainsi que dans les autres villes où il y en a, il semble que le meilleur moyen pratique, au cas où on ne fonderait pas de bureaux spéciaux, serait d'étendre les attributions de ces chambres syndicales. En même temps qu'elles préviennent les procès qui touchent ses membres, qu'elles servent d'experts dans les difficultés, il faudrait peu de complications et peu de frais pour qu'elles donnent des renseignements et procurent du travail.

Nous répétons en terminant qu'en dehors des données que nous avons indiquées, il est imprudent d'opérer sur une trop grande étendue. Des esprits impatients trouvent que les bornes d'une œuvre ainsi entendue sont trop limitées. Ils voudraient qu'on profitât du concours de la puissance publique, qu'on usât des renseignements nombreux et précis qu'elle possède, qu'on se servît de la bonne volonté de ses agents. Ici, dit-on, il y a pénurie de bras, là, excédant ; aujourd'hui le vide, demain le trop plein. Entre deux localités qui se touchent, deux arrondissements qui sont voisins, deux départements qui sont limitrophes, il y a inégalité flagrante entre l'offre et la demande. Comment savoir tout cela juste au moment où on en a besoin, c'est-à-dire au jour le jour, si on n'entretient pas une correspondance qui serait gratuite et active avec les divers sous-préfectures et secrétariats de mairie ?....

Nous demeurons profondément insensibles à ces offres qui ne sont séduisantes que dans la théorie. L'extension administrative qu'on propose, froisserait des susceptibilités, éveillerait des craintes et s'élèverait parfois à la hauteur d'un réel danger. Il n'y aurait pas un ouvrier qui ne rejetât sur le Gouvernement établi l'absence de travail dont il gémirait. Cette tendance injuste n'est que trop française déjà. Si les bureaux de placement la propageaient de plus en plus, loin de les favoriser, nous les combattrions avec conviction. Mais nous sommes persuadé, au contraire, qu'en mélangeant l'élément patron et ouvrier, qu'en s'appuyant à la fois sur l'humanité et la bienveillance des patrons et sur la reconnaissance des ouvriers, ils seraient une des applications heureuses de la *société industrielle* dont nous avons parlé, un élément de plus pour la concorde et le rapprochement des classes.

CHAPITRE IX.

LES INSTITUTIONS D'ÉPARGNE ET DE PRÉVOYANCE.

C'est l'épargne qui conduit à la propriété. — Que l'économie est, pour la classe ouvrière, une vertu difficile! — Accroisement de la richesse nationale; l'épargne n'a pas crû dans les mêmes proportions. — Pourquoi, de nos jours, les capitaux se portent moins vers la terre. — Dangers de l'excès des émissions de valeurs mobilières. — Conviendrait-il d'augmenter le maximum des dépôts à la Caisse d'épargne, et le taux de l'intérêt qu'elle rapporte? — Utilité actuelle et permanente de la Caisse d'épargne. — Fondation par les patrons, d'une caisse d'épargne individuelle ou collective.
Caisse d'assurances, en cas d'accident. — Fréquence des accidents dans les manufactures et situation déplorable des ouvriers mutilés. — Combien, malgré l'assistance judiciaire, les solutions légales sont lentes et incomplètes. — Société privée d'assurances, la *Sécurité générale*. — Société officielle, la *Caisse des invalides du travail*. — Intervention des patrons dans des institutions de cette nature.
Caisse d'assurances, en cas de mort. — Préjugés conçus à l'égard des assurances sur la vie. — Il ne s'agit nullement d'assurances obligatoires. — Moyens pratiques de constituer une caisse d'assurances. — Appropriation des bureaux de poste à cet usage. — Bases générales de cette institution utile.
Caisses d'assurances en cas d'accident ou en cas de mort, fondées par le libre concours des patrons et des ouvriers.

S'il est une vertu bienfaisante qu'il soit essentiel de développer dans les classes inférieures, qui soit sainte et sacrée entre toutes, c'est l'épargne. La propriété par association est de sa nature une propriété exceptionnelle. Propriété, c'est-à-dire appropriation exclusive et communauté ou indivision, sont des termes opposés. Ils se trompent singulièrement, ceux qui prétendent que désormais l'humanité marchera dans les voies d'une propriété collective pour édifier le sanctuaire de la famille elle-même. Ce reste de communisme sera vaincu par l'instinct individuel, qui en reviendra toujours au type de la propriété personnelle. Quoi qu'il en soit, on n'arrive à la propriété que par l'économie. Chose singulière et bien vraie cependant, cette vertu qui, en général, est celle des classes élevées, qui même, dans certaine bourgeoisie, va jusqu'à côtoyer l'avarice, est habituellement méconnue par l'ouvrier qui, de tous, en a le plus besoin. On se demande pourquoi il se montre à ce point oublieux d'un devoir qui est d'accord avec ses intérêts. Chez les uns, ce sont les folles dépenses, celles du cabaret notamment qui sont l'obstacle à l'épargne. Chez d'autres, chez presque tous, il règne une insouciance, une imprévoyance de l'avenir qui ne sont ni raisonnables, ni raisonnées et qui pourtant se comprennent. Que de fois ne l'a-t-on pas dit et combien cette vérité ne se touche-t-elle pas du doigt ? Pour être économe, il faut posséder déjà ; le riche économise naturellement ; le pauvre, au contraire, n'a entre les mains qu'un si petit pécule que les fruits de l'épargne lui semblent insignifiants, de sorte qu'il tourne dans un cercle vicieux, pauvre, parce qu'il n'économise pas, et non économe parce qu'il est pauvre. Ajoutons à cela que le bon ouvrier lui-même n'aime naturellement pas à se dessaisir de ce qu'il a si péniblement acquis, pour le reprendre à l'époque des mauvais jours auxquels il ne croit pas, ou qu'il n'entrevoit que dans un lointain horizon. Voilà pourquoi l'histoire de la fourmi se reproduira éternellement. Il y aura toujours une masse d'individus qui ne mettront rien en réserve et vivront au jour le jour. Il n'en est pas moins vrai qu'il faut chercher par tous les moyens à augmenter l'épargne. Au point de vue politique, elle est le gage de l'ordre ; en morale, elle est la compagne d'une bonne conduite ; dans la famille, elle conduit à l'aisance et au bonheur domestique. Elle assure à ses adeptes la dignité et une honnête indépendance. Toujours et partout, elle est le salut du travailleur. Elle étend sa bienfaisante action jusque sur les générations futures auxquelles elle apprend à aimer l'intérieur de la famille et procure un inestimable bien-être.

Depuis un demi-siècle, la richesse publique a pris un accroissement fabuleux. Sans accepter à l'aveugle les exagérations possibles de certains calculs plus ou moins problématiques, il est incontestable que la fortune publique a doublé. Il est aussi malheureusement certain que l'épargne n'a pas progressé dans une égale proportion. Elle s'est accrue cependant, et qu'est-elle devenue ?

Quoique le morcellement de la terre ait été poussé à une limite que de sérieux esprits envisagent avec effroi, en redoutant des dangers qui nous semblent grossis outre mesure, le courant de l'épargne ne s'est pas dirigé d'une manière bien sensible du côté de la terre. Cela est regrettable, car il n'est pas de placement plus solide, plus conservateur et plus enviable. La terre a trouvé une concurrence qui a singulièrement affaibli sa puissance, dans l'extension indéfinie des valeurs mobilières. On rencontre des capitalistes qui s'étonnent de voir ces valeurs qu'ils manipulent en gros, affluer en détail dans les mains les plus infimes. Comment les petites bourses ne les rechercheraient-elles pas avec avidité? Est-ce que l'artisan voit autre chose dans un placement avec lots, que la chance de gagner? dans une obligation que le taux quelquefois usuraire de l'intérêt? Du moment qu'on met de pareilles valeurs en circulation, qui le blâmerait sérieusement de les acheter? Et cependant, cet état de choses recèle un triple danger individuel et social. Les esprits s'habituent à ne plus compter que sur le jeu de la spéculation. Le travail et l'activité ne sont plus que des sources trop ordinaires de fortune. Le principal, c'est la chance avec le multiple cortège des variétés de l'agiotage. Si les grandes bourses ne donnent que trop l'exemple, au moins serait-il facile à la loi, dans bien des cas, d'être une digue et une protestation. L'exagération de l'intérêt est infailliblement compensée par des risques. Que deviendrait notre artisan s'il ne touchait plus son coupon? Ne serait-ce pas un véritable malheur que de compromettre ainsi après l'avoir attiré par des allèchements, son seul capital, son pain et celui de sa famille? Qu'une crise arrive, que la suspension des payements se prolonge, le porteur déçu ne rendra-t-il pas le Gouvernement responsable de ce qu'il appellera la violation de son droit? Ah! certes, les émissions de valeurs, qui se sont surtout développées depuis 1856, avaient, dans une certaine mesure, leur raison d'être et leur utilité. Mais on les a multipliées avec excès. Au moins maintenant faut-il s'arrêter. Puisse l'enquête agricole, où cette question revient vivace et nette, comme dans tant d'autres études sociales, contribuer à nous guérir de ces valeurs véreuses mexicaines, ottomanes et espagnoles, pour lesquelles, suivant une spirituelle expression, il serait si heureux qu'il y eût encore des Pyrénées. On ne lit plus, à notre époque, un journal sérieux, un discours ou un livre, sans y rencontrer, implicite ou expresse, cette inévitable conclusion.

Toujours est-il que, malgré ce flot envahissant de richesse mobilière, au secours de laquelle se distribuent tant de prospectus mensongers, l'épargne s'arrête, ou du moins marche d'un pas insensible et lent. Faut-il, oui ou non, la diriger dans ces voies nouvelles, si dangereuses qu'elles soient, en condamnant définitivement, comme un passé qui ne reviendra plus, les formes anciennes et primitives de l'épargne? Est-il vrai qu'avec l'argent on n'achètera plus un lopin de terre et que les petites économies ne s'achemineront plus du côté de la Caisse d'épargne? On se préoccupe à bon droit de l'abandon des anciennes habitudes (1). On cherche un

(1) Voyez l'excellent travail de M. Cochin, sur les institutions de

remède dans des modifications aux statuts actuels de la
caisse d'épargne ; on sait qu'elle ne reçoit les capitaux
que jusqu'à un maximum de 1000 francs, et jamais
plus de 300 francs à la fois. On remarque qu'avec
1000 francs un déposant ne peut rien faire, ni exonérer
un fils, ni doter une fille, ni acheter un établissement,
ni payer une maison. Combien, entre tous, les déposants ne doivent-ils pas trouver singulière et inexplicable une loi qui les pousse à l'économie pour les arrêter aussitôt que leur épargne s'accroît un peu ! Aussi
a-t-on demandé, conformément, du reste, aux sollicita-
tions de la caisse d'épargne de Paris, que le maximum
du dépôt soit augmenté, par exemple jusqu'à 3000 fr.,
et que l'intérêt soit bonifié à 4 pour 100, là où elle ne
rapporte, comme à Paris, que 3 1/4 ou 3 1/2. Pour
assurer cette bonification, on n'obligerait plus la caisse
d'épargne à faire ses placements en rentes, ce qui rapporte moins ; elle aurait la faculté d'acheter des obligations de chemin de fer, de consentir des prêts aux
communes et de se garnir de différentes valeurs fon-
cières, plus avantageuses en même temps que solides,
en gardant toutefois par devers elle une somme suffisante pour faire face aux remboursements exigés.

Quelque raisonnables que soient ces propositions,
quelque formels et pressants que soient même les vœux
de la caisse d'épargne de Paris, il y aura toujours un

prévoyance, dans la *Revue d'économie chrétienne*, des 28 février et
31 mars, et le *Correspondant* du 25 août 1866.

14

écueil à craindre, un danger à éviter. L'État se trouve sous le coup d'un remboursement inattendu. Il faut qu'il soit perpétuellement en mesure d'y faire face. Aussi est-il prudent pour lui, de ne pas s'imposer des charges de remboursement trop lourdes, et, sans aller à son égard jusqu'à de la défiance, il est sage de repousser son intervention au-delà d'un chiffre restreint.

D'ailleurs, il ne faut pas se faire illusion sur le rôle précis de la caisse d'épargne. Elle n'est pour ainsi dire qu'une école d'apprentissage pour la formation du capital, instituée comme une première étape. Elle est le berceau qui reçoit les premiers éléments de fortune, mais ce placement n'est, à vrai dire, qu'un placement d'attente, de transition. Si, après avoir acquis certaine force, ce capital, qui a grandi, est assez inexpérimenté pour se jeter dans des entreprises hasardées qui lui ménageront une ruine prématurée, c'est un malheur. Mais qu'y faire? Comment empêcher un petit capitaliste de faire ce que font les gros? Il y a là une contagion de l'exemple qu'il est impossible d'éviter. Les conseils éclairés doivent seulement chercher à désabuser les petites bourses de leurs spéculations imprudentes et, d'autre part, il appartient au gouvernement de se montrer plus rigoureux pour autoriser et admettre à la cote les valeurs mobilières. Il n'en est pas moins vrai, du moins, que la caisse d'épargne a encore une belle mission à remplir. Que de gens auxquels elle fait appel et qui sont loin d'avoir atteint son maximum. Pour eux, elle est le réservoir toujours accessible dans lequel les économies s'accumulent goutte à goutte, sou par sou, haussant ou baissant suivant les apports ou les retraits toujours facultatifs. Elle ne cesse de rendre service aux dernières souches sociales. Combien de personnes parmi elles qui ne la connaissent même pas et qui deviendraient vertueuses, économes, laborieuses, si, à force de persévérance, elles effectuaient quelques versements à son guichet. Aussi est-il bien vrai de dire que son existence est trop ignorée dans les campagnes, qu'on ne la divulgue pas assez. Au milieu de toutes ces affiches, prospectus et réclames qui couvrent les murs des gares des villages et la quatrième page des journaux, « on « ne saurait s'empêcher d'être frappé de la différence « de puissance donnée ici-bas au bien et au mal ; vous « ne pouvez parcourir un seul village, si petit, si re- « tiré qu'il soit, sans y voir les tentations du mal éta- « lées en plein jour ; partout un cabaret, son enseigne « qui grince au vent avec sa lanterne rouge, le soir. « Pas une institution véreuse ayant le droit d'émettre « en France ses actions et obligations, qui ne tapisse « les murs de ses affiches rouges ou bleues, dans toutes « les communes ; pas une société d'assurances suspecte « qui n'envoie des correspondants dans tous les vil- « lages. Le mal a toujours la main tendue, sa main « cupide, honteuse, qu'il recouvre de mille attraits « trompeurs et, à côté de cela, excepté le petit clocher « et la pauvre école primaire, si vous cherchez quelque « chose qui facilite le bien pour les adultes, chez les « paysans, vous ne le trouvez pas. Par une négligence

« que déplorent ceux qui s'occupent de ces questions,
« et dont les vœux remplissent les cartons des minis-
« tères, on a, pour ainsi dire, oublié de rendre le bien
« facile. A côté du cabaret, je voudrais la caisse
« d'épargne ; partout, à côté de l'école du mal, l'école
« du bien, l'école primaire de l'économie. (1) »

Voilà pourquoi il serait si avantageux que chaque
bureau de poste pût être un lieu de dépôt et qu'une
publicité suffisante et en quelque sorte permanente
avertît le public du fonctionnement de la caisse d'é-
pargne.

En dehors du concours officiel de cette caisse, les
patrons ont encore à prendre en main l'intérêt de leurs
ouvriers. Des fabricants, non contents de propager la
caisse d'épargne, ont voulu en former une dans leurs
propres manufactures ou dans leurs villes. Ils ont retenu
2 p. 100 sur le salaire de leurs ouvriers en y ajoutant
3 p. 100 de leur propre argent. Ils n'ont pas toujours
réussi. Mulhouse a échoué. Par tempérament, l'ouvrier
ne se prête pas à ces calculs. Il faut cependant recom-
mencer l'essai. Bien entendu, la retenue ne peut pas
être obligatoire d'une manière générale. Ce serait une
illégalité d'appliquer aux ouvriers ce qu'on applique
aux fonctionnaires. La logique n'est pas absolue. Ce
qui est avantageux, un chiffre donné, est impraticable
par rapport à de minimes rétributions. Mais, d'une
manière spéciale, les patrons sont libres de faire leurs

(1) M. Cochin.

conditions et les ouvriers de les accepter. Une maison qui serait dans l'usage d'imposer 1 p. 100 de retenue à ses ouvriers, ne tarderait pas à être comprise. Certains déposants augmenteraient bientôt leur apport, avec d'autant plus de régularité que la somme déposée croîtrait davantage. La mère de famille surtout, plus perspicace, plus prévoyante dans l'intérêt de ses enfants, stimulerait dans cette voie les efforts de son mari qu'elle guérirait de son indifférence ou de son indécision. Une pareille expérience serait la meilleure école d'économie et la plus forte digue contre les mauvaises passions.

Là où cette retenue ne serait pas acceptée, les patrons ne prenant conseil que de leur volonté multiple, ne pourraient-ils pas, pour vaincre les difficultés inséparables d'un début, imiter l'exemple de MM. Dollfus et Kœchlin, à Mulhouse, prendre provisoirement les économies de leurs ouvriers à intérêt. Ce serait, avec la confiance qu'ils inspireraient, un marchepied à une institution moins personnelle et plus perfectionnée. Ils donneraient eux-mêmes les explications sur l'usage qu'ils feraient des fonds, et en distribuant dans leurs ateliers des petits comptes rendus sur l'état de la caisse, ils calmeraient les défiances et intéresseraient tous les intéressés au succès de l'œuvre commune.

La caisse d'épargne, constituée d'une manière ou d'une autre, n'est pas le seul mode de prévoyance qui soit à développer. Il est deux autres institutions qui correspondent à des nécessités précises de notre époque et qui satisferaient à des besoins réels chez tous ceux qui vivent du travail de leurs bras. Ce sont les assurances en cas d'accident et les assurances sur la vie.

L'ouvrier est exposé, entre tous, à de nombreux et douloureux accidents. Fréquents pour chaque mortel, ils sont quotidiens pour lui ; est-il un mal plus affreux, un chômage plus cruel que ceux qui sont le résultat d'une blessure qui vous cloue sur un lit de souffrance et vous enchaîne dans l'inaction quand on a une ferme volonté de travailler et que les exigences de la vie marchent toujours, cruelles pour la femme et les enfants qui vous environnent dans une consternation affamée !

On ne saurait mieux faire que d'étudier les perfectionnements mécaniques, qui peuvent conjurer la fréquence de ces impitoyables accidents. Mais devant le nombre croissant des machines et les inventions de chaque jour, ce serait folie de croire que les précautions légales et individuelles parviendront à détruire entièrement cette source de malheurs, qui proviennent tantôt d'une inexpérience excusable, tantôt d'une négligence imputable entre autres à l'inévitable fatigue de l'ouvrier, tantôt enfin d'une inexplicable fatalité.

Qui adoucira les douleurs et qui pansera les plaies ?

Un éloquent député, M. Jules Favre, signalait, il y a deux ans, cette lacune à la tribune du Corps législatif, et provoquait, sur ce point, la sérieuse attention du Gouvernement. L'ouvrier blessé et mutilé n'a de recours que contre son patron. Si celui-ci est généreux, c'est plutôt une dette d'humanité qu'il acquitte qu'une obligation civile. S'il ne l'est pas, s'il est serré, peu charitable, que faire? L'ouvrier est amené par la force des choses ou à une composition plus ou moins insuffisante ou à un procès. Un procès! nous avons sans doute l'assistance judiciaire dont un éminent avocat général rassemblait naguère en un volume les règles et documents, comme pour ramener au nom du parquet, l'attention des magistrats et des hommes de lois sur un bienfait de la législation trop peu apprécié (1). Mais dans la pratique, tire-t-on de cette loi tous les avantages qu'elle contient? Que de lenteurs dans la procédure, que de difficultés! Et, au fond des choses, il faudrait n'avoir jamais plaidé, entendu plaider ou lu un procès en responsabilité civile pour ignorer que, d'ordinaire, les éléments du dossier sont contradictoires, qu'il n'existe de faute légale nettement imputable ni à l'une ni à l'autre des parties, que si le manœuvre est de sa nature imprévoyant, le patron eût pu être plus précautionneux. Que fait le tribunal? Embarrassé, il transige, il juge plus en équité qu'en droit, à la fois sympathique au malheur et fidèle à la loi. Solution véritablement imparfaite pour le malheureux. Même au cas où il gagne son procès, cette indemnité aléatoire, il ne la réalise qu'après d'inévitables retards, alors qu'il en avait tant besoin tout de suite. Les choses en justice ne sauraient se passer autrement. Combien ne sont-elles pas plus

(1) M. Brière-Valigny, avocat général près la Cour impériale de Paris.

tristes en cas de mort, lorsque les larmes de la veuve et les supplications des enfants viennent frapper à la porte du cœur du juge, qui malgré sa sympathique pitié ne peut pas cependant imposer à autrui une réparation qui n'est pas juridiquement encourue. De nos jours, voilà bien les procès les plus nombreux et les plus affligeants. D'un côté, le malheur sans droit absolu; de l'autre la fortune sans obligation précise. Alternative cruelle pour les juges compatissants. Aussi l'honorable ministre d'État, M. Rouher, répondait-il à l'interpellation de M. Jules Favre : « Tout ce que je puis « dire au nom du Gouvernement et avec l'approbation « du Corps législatif tout entier, c'est que si nous con- « naissions un moyen quelconque de soulager efficace- « ment ces cruelles douleurs, ces profondes infortunes, « nous l'étudierions avec empressement et nous l'ap- « pliquerions avec une vive joie. » Et le ministre de l'Instruction publique disait après lui, que l'institution qui donnerait aux ouvriers les ressources dont ils sont privés par la suppression de leur travail, en cas d'accident, serait pour la civilisation moderne une conquête de plus.

Pour obtenir ce but et réaliser ces programmes, dans la mesure du possible, pour éviter les procès et leurs chances parer à l'inconnu et conjurer la fatalité, il n'y a qu'un moyen : l'assurance, soit mutuelle entre ouvriers, soit mutuelle entre patrons, mais mieux encore mutuelle entre patrons et ouvriers.

Depuis un an, une société privée s'est formée. Son

nom révèle clairement sa destination. Elle s'appelle la *sécurité générale*. Sous le patronage de personnalités industrielles et financières considérables (1), elle a réuni un capital de 2,500,000 francs, et prend déjà une très-grande extension. Un moment, le préjugé, ici encore, semblait lutter contre les débuts. On disait qu'une pareille compagnie favoriserait la négligence de l'ouvrier, permettrait à la vigilance des patrons de sommeiller, donnerait une prime à l'insouciance et à la paresse, et en tous cas, créerait une garantie pécuniaire extrêmement fâcheuse. De semblables préventions n'ont pas tardé à se dissiper. En vérité, il n'est guère à craindre qu'on risque sa vie et qu'on s'attire de longues souffrances pour le gain d'une misérable somme !

Règle générale, la *Sécurité générale* assure tous les accidents, en dehors, bien entendu, des suicides et autres accidents volontaires, tels que ceux qui résulteraient de rixes ou luttes, d'ivresse, d'infractions aux lois ou aux règlements relatifs à la sûreté des personnes, ou de faute grave. On comprendra l'étendue de son action en se rappelant que la statistique, en dix ans, pour la France entière, compte plus de 37,000 noyés, plus de 9,000 accidents de chevaux et voitures, etc., au total, 78,000 morts violentes (2). La compagnie paye une somme fixe en cas de mort ; en cas d'incapa-

(1) M. le baron Besnier, sénateur, est le président de cette société.

(2) Voyez le livre de M. Besnier de la Pontonnerie, directeur de cette compagnie, sur les *Accidents, leurs causes et leurs effets*.

cité permanente de travail, elle paye une rente viagère ou une indemnité proportionnée et à la gravité de la blessure et au chiffre pour lequel l'assurance a été contractée; en cas d'incapacité temporaire de travail, de 5 à 90 jours, elle donne une indemnité quotidienne. L'assurance est tantôt individuelle, tantôt collective. Cette dernière, faite par les patrons pour leurs ouvriers, les exonère eux-mêmes des conséquences de leur responsabilité personnelle.

Dans ces termes, la Sécurité générale peut rendre de sérieux services. Partout, elle est dans sa sphère. Ici elle fait appel aux manufacturiers, là aux agriculteurs des campagnes qui emploient un personnel nombreux, usant de conseil, de persuasion et de bon exemple, imposant partout de légères obligations à l'ordre et à l'épargne pour diminuer les désastres et soulager les infortunes.

De son côté, tout récemment, le Gouvernement a tenu sa promesse et fondé une institution pour secourir les victimes des accidents. Une lettre de l'Empereur au ministre d'État (1) en a jeté les bases. Le décret du 8 mars 1855 ouvrait pour les ouvriers convalescents et aussi pour les ouvriers mutilés dans le cours de leurs travaux, les asiles de Vincennes et du Vésinet. Les ressources financières provenaient d'un prélèvement de 1 p. 100 sur le montant des travaux publics adjugés dans la ville de Paris et sa banlieue. Leur insuffisance

(1) *Moniteur* du 31 juillet 1866.

fermait aux ouvriers mutilés les portes de ces philanthropiques institutions. Comment les ouvrir à un plus
grand nombre de travailleurs et augmenter les recettes?
L'Empereur a pensé qu'il serait possible de prélever
4 p. 100 sur les travaux publics exécutés par l'État, les
départements et les communes ; cela rapporterait 4 millions par an. Les ouvriers, d'eux-mêmes ou d'après les
sages excitations de leurs patrons, sans que rien les
y forçât d'ailleurs, assureraient et alimenteraient la
caisse d'un nouveau revenu annuel de un million. Total
5 millions, dont la distribution se répartirait uniquement
entre les ouvriers associés et leurs veuves, en cas d'accidents ou de mort.

La pensée impériale honore le Gouvernement, et est
éminemment digne d'approbation. Malheureusement,
les maux qu'elle cherche à conjurer, sont si grands
qu'elle suffira à peine à ses desseins. Les généreuses intentions du pouvoir ne seront que partiellement at-
teintes. Les chemins de fer assureront sans doute leurs
employés ; mais en dehors de ces puissantes compagnies
qui sont organisées sur le pied véritable d'une administration, il n'est pas vraisemblable que les chefs d'industrie s'imposent un sacrifice de 1 p. 100, sur la valeur de leurs travaux. Qu'est-ce encore, d'ailleurs, que
800 pensions de 300 fr., pour la France entière! Il y
aura aussi une organisation centrale, de même que
pour la caisse générale des sociétés coopératives à laquelle l'Empereur allouait récemment sur sa cassette
privée une souscription de 500,000 fr. Comment son-

dera-t-elle toutes les misères? Est-il dans la possibilité humaine, que ces fondations sans une organisation plus ou moins développée et alors très-onéreuse, aillent fouiller dans les localités pour répandre partout sa justice distributive, et disséminer ses largesses avec une irréprochable proportionnalité? Il n'est pas besoin d'être prophète, pour dire que les grandes villes bénéficieront particulièrement de cette innovation. Ce sera encore une attraction de plus, pour les travailleurs, vers les grands centres.

Quoi qu'il en soit, par quel moyen réaliser utilement l'auguste pensée d'une *caisse des invalides du travail.*

Il faudrait que cette caisse, pour être féconde, pût donner une indemnité légère, mais une indemnité dans tous les cas d'incapacité de travail, toutes les fois que cette incapacité grave et prolongée proviendrait d'accidents sérieux, survenus dans l'exercice des fonctions auxquelles on était légitimement proposé. On exclurait donc ceux qui seraient victimes d'un accident imputable à une faute lourde, notoirement inexcusable. Le versement du travailleur se proposerait, par conséquent, un résultat sûr et précis. Il serait fait, cette fois, moins en vue de l'épargne, qu'en vue de la prévoyance.

Pour en venir là, un grand nombre de souscripteurs serait une condition essentielle. Les membres se recruteront d'abord et principalement dans les ouvriers, mais les patrons interviendront utilement à leur tour. Indépendamment des dons en argent, que toutes les fondations philanthropiques accueillent avec reconnaissance, mais qui dénaturent plus ou moins le sens de l'association, en faisant de la charité là où le caractère de mutualisme doit prédominer, ils ajouteront personnellement à la mise de l'ouvrier. Tantôt ils contribueront eux-mêmes à assurer leurs ouvriers, tantôt cette assurance sera dans leurs mains une sorte de prime qui récompensera le travail et la bonne conduite. Presque toujours ils se rattacheront à l'œuvre par le lien de l'honorariat, comme dans les sociétés de secours mutuels. D'une manière ou d'une autre, sans leur concours, on ne produira rien de solide et de durable.

Si, pour un motif ou pour un autre, si, par un obstacle qu'on ne prévoit pas, cette caisse des invalides du travail réussissait mal ou ne fonctionnait pas, et lors même qu'elle répondrait aux espérances qu'elle inspire, les patrons feraient toujours sagement, concurremment avec elle, de mettre cette idée en pratique dans leurs établissements, soit en agissant isolément, soit en se groupant autour d'une *société industrielle*. Leurs ouvriers verraient, en attendant mieux, cette caisse se former sous leurs yeux. Ils en suivraient de plus près les développements successifs. Les mises des patrons qui la grossiraient, leur apparaîtraient plus visibles. L'argent serait affecté plus directement à leurs besoins. Il serait plus personnellement à eux; dans la répartition, il y aurait à la fois plus de proportionnalité et d'esprit de localité. Égoïsme, si on veut. Mais dans la propriété, il se mêle toujours un individualisme qui en est l'essence et qui seul engendre un réel attachement. Les ouvriers d'une même fabrique, d'une même ville, ne se connaissent-ils pas d'ailleurs? ne comprend-on pas qu'ils se gênent davantage pour eux que pour des inconnus? Tous les hommes sont frères. Il est permis pourtant de penser à son voisin avant de songer à de lointains étrangers.

Sans que ces entreprises individuelles cessent jamais d'être excellentes, si l'institution centrale de l'Empereur réussit, il semble qu'elle appelle, comme une annexe indispensable, une *Caisse d'assurances en cas de mort.* L'analogie est frappante et le but identique. Il y a même un *à fortiori* et une urgence de plus. Est-il un plus grand accident que la mort? Les deux caisses n'en font qu'une, elles étendent leur action réciproque. Elles diminuent respectivement leurs frais généraux.

M. Julien, directeur au ministère du commerce, a eu le premier l'excellente pensée de fonder une caisse de petites assurances sur la vie. N'est-ce pas la vie du peuple, en effet, qui est la plus exposée de toutes? N'est-ce pas la mort du travailleur qui a, pour la famille, les conséquences les plus regrettables? Qu'on le remarque bien cependant, aucune institution ne pourvoit à cette utilité manifeste. Les compagnies d'assurances existantes ne s'y prêtent que très-médiocrement. Les sommes sur lesquelles elles opéreraient, au nom de chaque individu, ne constitueraient pas pour elles un bénéfice suffisant. Elles se préoccupent, avant tout, des intérêts de leurs actionnaires en reléguant au second plan le côté purement philanthropique.

C'est un fait ; et, en définitif, on n'a pas le droit de les
en blâmer. Mais qui agira à leur défaut?

D'ailleurs, l'assurance sur la vie, par suite de préjugés anciens qui se continuent encore, n'est pas entrée
dans nos mœurs. Nos dix-huit compagnies n'assurent
pas sur la vie un capital de 150 millions. On assure
son avoir pécuniaire. Très-bien. C'est une valeur.
Mais soi-même on ne vaut donc rien ! On s'empresse
d'assurer une récolte contre la grêle, une ferme contre
l'incendie, les bestiaux contre l'épizootie. Mais tout ce
capital est-il donc plus précieux que l'homme lui-
même, que l'économie politique, par un étrange abus
de mots, au milieu de quelques autres singularités,
appelle aujourd'hui le capital humain? Dans combien
de campagnes, les bestiaux ne sont-ils pas mieux
soignés que les personnes? Là où on ne manquera
pas de recourir précipitamment au vétérinaire, on
écartera le médecin qui coûterait trop cher et dont
on nie l'utilité. Jusqu'aux jurisconsultes aussi qui
nourrissent à l'endroit des assurances sur la vie de
réelles préventions, avec lesquelles il faut en finir, Ils
vous soutiennent qu'on n'assure pas la vie, que la vie
et la liberté ne sont pas dans le commerce, que soumettre la vie aux calculs d'une arithmétique prévoyante
et aux hasards d'une statistique, c'est faire fi de la
dignité humaine ; ils parlent latin, ce qui consolide
toujours une discussion : *Liberum corpus æstimationem
non recipit.* Il est étrange que des légistes de la taille
de M. Dupin, dont, bientôt, à la rentrée de la cour im-

périale, un orateur éloquent va nous faire le por-
trait (1), il est bizarre que par un travers étroit et
incompréhensible de l'intelligence, ils aient été jusqu'à
proscrire de nos lois l'assurance sur la vie. On citera
des abus et même des crimes atroces commis à leur
occasion. Le nom de *La Pommeraye* restera longtemps accolé à cette question. Mais quoi! Brisera-t-on
donc la rente viagère, où le débiteur souhaite peut-être
de tout son cœur la mort du crédit rentier? Mais, l'usu-
fruit! mais les successions! Dans une société où les
générations se pressent comme un flot les unes contre
les autres, en poussant les choses à la rigueur, est-ce
que le *votum mortis* n'est pas partout, dans tous les
contrats? Jusqu'au langage du monde qui répète dis-
crètement cette vérité. Est-il un mariage parisien ou
autre, où l'on ne caresse des *espérances*. Ce serait folie
d'attacher à ces sentiments et à ces expressions plus
d'importance qu'elles n'en comportent. Aussi n'est-il
pas étonnant que les tribunaux valident, tous les jours,
les assurances sur la vie! Des pays que, sous certains
rapports du moins, les mailles d'une routine juridique
n'enveloppent pas, l'Angleterre et l''Amérique portent
un défi à la France, et les assurances s'élèvent ici à
2 milliards et là à 4 milliards. Est-il si difficile de voir
que le mot assurance sur la vie ne rend pas exactement
la pensée de la chose, qu'on n'assure pas la vie, mais

(1) M. Delangle, procureur général à la Cour de Cassation, succes-
seur de M. Dupin.

qu'on assure en cas de mort, qu'on ne répare ainsi que le tort qui est occasionné par la cessation de l'existence? Au moment de la mort, quand précisément la vie n'est plus, il se produit un préjudice matériel qui comme tout autre est susceptible d'une évaluation diverse. Nier cela, c'est dire que les choses ne peuvent être estimées, lors même qu'elles ont le plus de valeur, ce qui est parfaitement faux, et même absolument contradictoire.

Le rôle d'assureur, la caisse *des Invalides du travail* le prendrait aussi (1). L'Angleterre, qu'on cite à tout propos, chaque fois qu'il s'agit de ne pas étendre ou de restreindre les attributions de l'État, a cependant adopté cette institution. De l'autre côté du détroit, elle a réussi. Document curieux entre tous, les compagnies d'assurances, animées par une conviction que l'intérêt fortifiait singulièrement, ont jeté les hauts cris et fait vivement retentir leurs doléances. Mais le premier mouvement de ces susceptibilités financières apaisé, elles ont remercié le ministre fondateur, M. Gladstone. En popularisant l'assurance, cet homme d'État, qui l'eût cru! avait augmenté leur clientèle.

Inutile de dire qu'il ne s'agit nullement d'assurance obligatoire. Ceci serait le paradoxe incarné, le type d'une véritable chimère. Toute contrainte doit être sévèrement bannie. Plus on réfléchit, plus on voit qu'il est dans les desseins de la Providence et dans les conditions d'une bonne société, que l'homme n'enlève pas

(1) Telle est également la proposition de M. Cochin.

à l'homme le libre arbitre que Dieu lui a donné apparemment pour qu'il en use. Il est insensé de vouloir faire le bonheur des populations malgré elles. Que de complications les gouvernements s'épargneraient, s'ils avaient le bon goût de s'abstenir! Mais non! le premier mouvement de celui-là qui commande est d'étendre son autorité. Très-glissante est la pente qui conduit à l'abus. Gardons-nous donc, par de nouvelles obligations, d'imposer à l'État de plus nombreux embarras.

Mais, purement facultative, une caisse publique d'assurances, en cas d'accident et en cas de mort, a d'autant plus sa raison d'être que les efforts privés ne se dirigent pas de ce côté. Elle serait le pendant de la caisse d'épargne; le rôle de l'État ne dépasserait pas une mesure que tout le monde accepterait. Elle suppléerait à l'insuffisance des associations privées. Elle rendrait de vrais services à ces petits et intéressants pionniers du travail, qui ne trouvent pas ailleurs de pareils bienfaits. Les compagnies n'assurent pas au-delà d'un maximum de 5000 francs. On ne dépasserait pas ce chiffre; on ne l'atteindrait même pas si l'on voulait; on n'assurerait pas au-delà de 2500, comme en Angleterre, de 2000, de 1500, de 1000 même. Pour les familles calamiteuses, quel secours providentiel, de toucher 1000 francs à la mort du chef de la maison! Il faut cependant bien que les plateaux de la balance sociale soient égaux. Le riche s'assure, et le pauvre ne pourrait pas le faire! Choquante inégalité! Dans un ordre de choses où l'argent est devenu le signe de presque toutes les valeurs, la fortune et la misère créent une inévitable différence de situation ; mais, toute proportion gardée, elles doivent engendrer, autant que possible, des effets similaires ; et il appartient aux lois de la logique, comme aux conseils d'humanité, de tendre à cette égalité relative. Dans ces termes, la caisse d'assurances sera encore un échelon vers l'économie. Lorsque l'assuré aura atteint le maximum, mis au-dessus des besoins les plus pressants, il fera de l'excédant tel usage qu'il lui semblera bon. Il aura du moins, *hic et nunc*, une provision pour l'avenir, un fonds de réserve pour les malheurs imprévus.

On aurait tort de se complaire à accumuler des montagnes de difficultés. Quoi! dira-t-on, encore l'État, toujours l'État! Quelle charge pour le Gouvernement, si tous les ouvriers s'assurent jusqu'à la limite déjà si réduite de 1000 francs! Responsabilité nouvelle, risques nouveaux, nouvelles expressions de défiance. Est-ce qu'on créera une catégorie d'agents, chargés de populariser l'institution dans les campagnes, hiérarchiquement dominée par une série de contrôleurs et d'inspecteurs. N'est-ce pas se jeter tête baissée dans des difficultés inextricables? Comment constater la fraude et l'astuce, qui se glissent partout? Qui vérifiera les décès et constatera les suicides?

En reconnaissant loyalement que de pareilles œuvres, quand elles embrassent toute la France surtout, soulèvent des difficultés réelles et remuent de graves problèmes sociaux, ne nous effrayons pas, cependant,

outre mesure. La peur est l'ennemie de l'action, c'est-
à-dire du bien comme du mal. Y a-t-il une de ces objections qui n'ait été adressée à la caisse d'épargne, et
dans des termes presque identiques? et pourtant, en
dehors de la caisse de Paris qui, pour des motifs spéciaux, notamment à cause de l'élévation de ses frais
d'administration, laisse un peu à désirer, les autres
caisses d'épargne ne fonctionnent-elles pas avec d'excellents résultats? Comme on mettait en avant les mêmes
périls, le danger de confier ses économies au Gouvernement, l'impossibilité de les retirer en cas de crise,
c'est-à-dire au moment où le travailleur en a le plus
besoin, les embarras de création des succursales, et
enfin les complications d'une comptabilité aussi minutieuse qu'infinie!

Il en serait pourtant ici ce qu'il en a été pour la
caisse d'épargne. Au centre, y aurait-il donc lieu de
recourir à une si grande adjonction de personnel, alors
que la caisse *des Invalides du travail* existerait déjà?
Et les intermédiaires, sont-ils donc si difficiles à
trouver? On les a proposés depuis bien longtemps. A
l'exemple de l'Angleterre, on y viendra tôt ou tard.
Avant de longues années, les bureaux de poste feront
ce qu'ils font, expédieront et recevront les dépêches télégraphiques, qui se multiplieront dans une proportion
géométrique avec l'abaissement de la taxe, payeront de
l'argent à l'aide de simples virements de fonds, en exigeant une rétribution qui tiendra lieu du droit de transport actuel des valeurs pécuniaires, transport dont on

s'évitera d'ailleurs les risques et les ennuis. Ils seront enfin une succursale des caisses d'épargne et d'assurances en cas d'accidents et en cas de mort. Obligés de rayonner partout, à cause de la nature de leurs fonctions, les buralistes de poste n'auront à éprouver aucune augmentation sensible de personnel. Sauf quelques agents spéciaux indispensables, leur nombre restera identique. Seules, leurs attributions s'accroîtront, leur rémunération aussi. Perçue comme frais d'administration, elle ne coûtera que peu de chose à l'État. Il est même à désirer que le Trésor public soit entièrement indemne. Son rôle est d'être le collecteur désintéressé d'une grande mutualité, décidément trop lourde pour des épaules et des forces individuelles.

Des économistes, désireux de propager l'institution, ont proposé d'envoyer dans les foires et marchés des campagnes, des délégués de la caisse d'assurances qui soutireraient les capitaux oisifs et surprendraient l'épargne sur le fait, dans ses manifestations rurales les plus apparentes. Nous reculerions devant l'application de ce conseil. Elle dépasserait les limites d'une neutralité ou d'une provocation légitimes. La caisse se ferait brocanteuse et marchande. Il serait à craindre que la dignité de l'institution n'en souffrît. Les bureaux de poste sont assez disséminés sur le territoire national pour qu'on considère leurs nouvelles attributions comme suffisamment mises à la portée du public.

Telles seraient les bases d'une double caisse des *Invalides du travail et des assurances en cas de mort.*

Mais, en terminant, nous ne saurions trop insister sur la nécessité, pour les patrons, de ne pas demeurer dans l'inaction.

On pourrait, il est vrai, à défaut d'institutions centrales, créer des assurances communales qui, restreintes à une ou plusieurs communes, ou à des circonscriptions territoriales déterminées, desserviraient un rayon de localités restreintes. L'entreprise serait bonne, mais il est difficile qu'elle ne suive pas une pente naturelle et ne s'absorbe pas immédiatement dans une institution centrale. Nous retombons donc dans l'alternative d'une caisse générale ou d'une entreprise purement privée, formée par une libre associations de patrons. Qu'on tente une fois de plus ce qu'on a tenté à Mulhouse. A force d'essayer on réussira. L'ouvrier s'attachera de plus en plus au pays qui lui offrira de pareilles ressources. Il n'enchaînera jamais sa liberté, puisqu'en cas de départ, on lui rendra la somme qu'il aura versée, avec les intérêts fixés. Point d'obligations physiques ou civiles, mais un lien moral de plus. Ceux-là, on ne les multipliera jamais assez. Caisse d'épargne, caisse d'assurances, caisse pour les accidents, voilà donc un triple but qu'une association intelligente et dévouée se proposerait avantageusement d'atteindre.

CHAPITRE X.

INSTRUCTION ET ÉDUCATION.

Mouvement énorme qui, depuis quelques années, se produit en faveur de l'instruction. — Diverses espèces d'enseignements. —
Timides objections qui se présentent à l'occasion du développement de l'instruction. — Conséquence de l'instruction au point de
vue politique. — Son influence sur la criminalité. — Sur l'élévation des salaires. — État de notre littérature populaire. — Influence précieuse de l'éducation proprement dite. — Comment la
seconder, en dehors de l'influence personnelle de la famille. —
Cabinets de lecture. — Bibliothèques publiques, paroissiales, scolaires et populaires. — A côté de ces moyens différents, action
permanente du patron. — Divertissements le dimanche. — Surveillance dans l'intérêt des bonnes mœurs.

Le XIXᵉ siècle, qui ne pèche ni par défiance de lui-
même, ni par excès de modestie, et qui se décerne, par
avance, des éloges dont l'histoire retranchera peut-être
une partie, le XIXᵉ siècle se nomme le siècle des lumières. Éclairons-nous à la lueur de ses révélations;
demandons-lui ce qu'il vaut comme instruction au développement de laquelle il travaille tant, et comme éducation qu'il néglige trop.

Depuis quelques années, un mouvement intellectuel
énorme s'est développé en France. C'est le cas de dire
qu'il a fait fureur. Une sorte de courant électrique a
traversé le pays. En haut la volonté de l'Empereur, se-

condée par celle d'un ministre laborieux s'il en fut,
aux convictions ardentes qui ne se déconcertent pas
devant les difficultés sociales et que les malheurs domestiques frappant à coups redoublés n'ébranlent pas ;
en bas toute une foule qui veut lire et s'instruire, qui
lit et qui s'instruit. Comme par une résurrection subite,
la multitude sort du tombeau séculaire de l'ignorance
où elle était couchée. Elle se lève en rangs pressés. Il
semble que cette population, jadis sans nom, comme
dit M. Duruy, se sent vivre maintenant et aux premiers
rayonnements d'une chaleur civilisatrice, réclame pacifiquement une place au banquet de l'intelligence.

C'est de tous les côtés que ce mouvement se dessine.
Partout les lectures publiques, les conférences littéraires et scientifiques, les cours du soir, toutes innovations récentes qui entretiennent l'idée et propagent
l'élan. L'instruction ! des écoles ! des écoles ! le besoin
qu'on en a, les conséquences qu'elles engendrent,
voilà le sujet de tous les livres, le cri des penseurs et
des publicistes, le thème continu de la presse. L'instruction primaire surtout. Après elle, l'enseignement
professionnel. Que ce soit un bien ou un mal, l'enseignement classique perd du terrain. Peut-être a-t-il trop
longtemps vécu, se montrant exclusif à l'excès à l'égard
des autres enseignements. Ceux-ci prennent aujour-
d'hui leur revanche. Hier encore, à Mont-de-Marsan,
le ministre ne le constatait-il pas ? 44,000 élèves dans
les lycées, 5 millions d'enfants dans les écoles primaires ;
mais ces catégories d'intelligences sont séparées par

une distance infranchissable. S'il est vrai de dire que les divers types d'enseignement sont, pour ainsi dire, autant de cercles concentriques qui s'emboîtent les uns dans les autres, dont le seul diamètre diffère, mais dont le centre est un point commun, il est vrai de dire aussi pour employer une autre métaphore, qu'il faut un pont pour rapprocher ces enseignements éloignés. Ce pont, c'est l'enseignement spécial.

Mais, au-dessus de tous ces enseignements restreints, n'y a-t-il pas un mouvement populaire qui en est le couronnement? Les cours d'adultes, avec quelle prodigieuse fécondité ils se propagent! Il n'y a plus un discours de comice agricole, de conseil général, d'assemblée quelconque, où cette impulsion ne soit mentionnée et activée. Leur véritable école aux adultes, ce sont les bibliothèques populaires qui s'organisent partout.

Ce courant d'instruction, si caractéristique en l'an de grâce 1866, est, en général, sympathique à tout le monde, à certaines conditions du moins. Mais, chez ses apôtres fervents eux-mêmes, il se soulève de temps à autre quelques défiances, qui percent dans les conversations privées, plutôt que dans les livres et discours publics. Il y a ce qu'on voit et ce qu'on ne voit pas, disait Bastiat, mais il y a aussi ce qu'on dit tout bas et ce qu'on dit tout haut.

Il est des thèses qui, à de certaines époques, fussent-elles bonnes, ne se soutiennent que difficilement. Si, par malheur, on émettait ostensiblement les plus légers doutes sur la portée de l'instruction, les qualifica-

tions d'*illibéral*, de *clérical*, de *rétrograde* et de *retar-
dataire*, pleuvraient dru comme grêle. Réponse méritée à tant d'audace. Sans qu'il soit besoin de faire appel à l'indépendance d'un esprit sérieux, il suffit de lire
les journaux pour être habitué à ces qualifications devenues banales, et ne pas trop s'en émouvoir. Dût-on
passer un moment pour lutter contre le progrès, pour
étouffer la civilisation et mettre la lumière sous le bois-
seau, toutes expressions beaucoup plus injurieuses heu-
reusement dans la forme que dans le fond, il est permis,
du moins, de peser les scrupules et de ne pas demeurer
sourd à des considérations dont l'oubli ne contribuerait
pas à vous procurer une infaillibilité de jugement. Si
elles daignaient, d'ailleurs, rentrer pour un moment
en elles-mêmes, les sentinelles les plus avancées dans
le camp du progrès seraient peut-être étonnées de
partager les mêmes pensées et une prolongation de
réflexion risquerait fort d'augmenter le nombre des
appréciations communes et de créer un accord qui
n'aurait rien d'affligeant.

Pour ceux qui précisent, l'instruction telle qu'on
l'entend aujourd'hui, est surtout une instruction civile,
c'est-à-dire telle qu'elle serve aux citoyens dans ses
rapports sociaux. L'enseignement secondaire et l'enseignement supérieur mis de côté, puisqu'ils conduisent
aux emplois élevés ou intermédiaires, l'enseignement
primaire, c'est le calcul, l'écriture, la lecture, un peu
de dessin, les connaissances usuelles en un mot. Il
facilite l'apprentissage. Il rend l'ouvrier meilleur dans

son état. Il lui inspire l'idée d'ordre domestique et développe peu à peu le goût de la lecture.

Voilà l'instruction du peuple. Personne, dans ces limites, n'en nie l'indispensable utilité. On ne trouverait pas une divergence. Mais on diffère sur les conséquences d'une instruction qui ne s'arrête pas là, sur les tendances qui doivent présider à son extension. Deux opinions extrêmes se trouvent en présence. Les uns, prêtant trop d'effets à l'instruction, lui attribuent une influence qu'elle n'a pas. Les autres entrevoient des dangers et nourrissent des appréhensions.

Est-il vrai, par exemple, que l'instruction primaire, continuée par des lectures appropriées à l'état des intelligences, engendre dans le droit politique de suffrage une sensible amélioration? La parole de l'Empereur que, dans un pays de suffrage universel, tout citoyen doit savoir lire et écrire est profondément vraie. Les droits augmentent, le niveau social doit s'élever en conséquence. L'augmentation de puissance individuelle doit se justifier par un accroissement de mérite personnel; en ce sens, l'instruction, véritablement, a une face civique. Ces considérations sont très-vraies. Mais est-il possible d'aller plus loin sans s'exagérer les résultats? La sincérité des votes peut-elle être considérée comme une conséquence directe de l'instruction? N'est-il pas vrai de dire qu'elle n'est qu'un effet détourné et accessoire de l'instruction, puisqu'on conçoit très-bien que les votes soient librement recueillis, indépendamment du plus ou moins de valeur intellectuelle de l'individu ?

Est-il exact, d'un autre côté, de se flatter que l'instruction primaire, plus ou moins prolongée, apprendra aux électeurs à faire des choix entièrement réfléchis ? On sent bien aujourd'hui que, si le suffrage universel est une excellente chose, le nombre est cependant susceptible de se tromper. On voudrait alors mettre d'accord le nombre avec la raison. Mais une instruction purement et simplement élémentaire conduira-t-elle à cette enviable solution ? Le paysan, qui aura été régulièrement à l'école de son village, sera-t-il personnellement assez éclairé et édifié pour avoir une opinion judicieuse sur des questions difficiles et choisir le meilleur des représentants ? Comment espérer, en outre, que les fraudes et les influences cesseront jamais complétement ?

L'instruction primaire, politiquement parlant, ne renferme donc pas toutes les conséquences qu'on se plaît à y voir. Il serait plus exact de prétendre qu'elle est plutôt utile à l'individu personnellement, qu'elle est, dans les fonctions de la vie, un instrument indispensable, que sans elle les rapports d'homme à homme sont, du plus au moins, imparfaits, incommodes et tronqués.

Il en est de même pour la criminalité. Certes, à ce point de vue, l'instruction a une incontestable influence, mais elle n'en a pas autant encore qu'on le déclare, toutes les fois surtout qu'elle est seule. On proclame à

chaque instant que la source de la criminalité provient
de l'ignorance, dans une proportion qu'on porte à
84 p. 100. On répète partout suivant une phrase, devenue proverbe, que remplir les écoles c'est vider les
prisons. « Il semble qu'il suffirait d'ouvrir partout des
« écoles pour rendre le peuple économe, tempérant,
« probe, moral. J'en demande pardon à ceux qui at-
« tendent tant de bien des écoles. Leur espoir est sin-
« gulièrement exagéré..... L'instruction *seule* ne ré-
« prime pas plus les mauvais penchants qu'elle ne les
« développe, elle n'a d'action morale, elle ne diminue
« l'orgueil, elle ne porte au travail, elle n'apprend l'é-
« conomie, elle n'éloigne des actions honteuses et cri-
« minelles qu'autant qu'elle est combinée avec l'édu-
« cation, l'esprit religieux et l'habitude des bonnes
« mœurs avec lesquelles il ne faut pas la confon-
« dre (1). » N'est-ce pas la vérité? Il n'en est pas
moins vrai cependant qu'elle a sur toutes choses une influence indirecte et lointaine, qu'elle adoucit la grossiè-
reté des mœurs et les polit ; qu'elle vous dépouille
d'une rudesse primitive et détruit insensiblement les
brutalités des passions. Mais aussi que de désirs ardents
elle alimente, que d'ambitions violentes elle suscite,
pour l'apaisement desquels ce n'est pas trop du contre-
poids naturel de l'éducation ! L'instruction permet aux
vanités et aux espérances les moins raisonnables de se
développer outre mesure. A cela, il n'y a de frein que

(1) M. Villermé.

dans l'enseignement moral et la conviction religieuse.

Des objections inverses sont accumulées par un autre parti plus défiant de l'instruction qu'il ne lui est réellement hostile. Elles aussi, sont empreintes et marquées au coin d'un regrettable caractère d'exagération. Que de fois n'a-t-on pas entendu ce langage : Si nous développons tant l'instruction où allons-nous? L'ouvrier conçoit des prétentions exorbitantes, il veut devenir un monsieur. S'agit-il de gages, il ne les trouve jamais assez élevés. Il ne se refuse plus rien. Quel luxe là même où l'aisance ne règne pas! Comment, après cela, l'ouvrier ne mépriserait-il pas son état? Il ne regarde plus ses pairs, il manque de respect aux siens, et à sa famille. Il dédaigne son clocher. La campagne ne lui suffit plus. C'est la ville qu'il lui faut avec l'augmentation de ses salaires et la variété de ses distractions. On ne trouvera bientôt plus à sé faire servir, avec cet accroissement continu des exigences ouvrières. De tels déclassements tournent contre l'ordre de la famille et de la société. Tel est le résumé de doléances qui sont dans beaucoup de bouches.

Le point de vue moral n'est pas lui-même exempt de sérieuses inquiétudes. On craint que la lecture ne devienne un besoin, une passion. Quand les habitudes de lire seront devenues impérieuses, comment satisfera-t-on ce goût nouveau. Les mauvais instincts de l'homme ne le porteront-ils pas trop naturellement à la lecture de livres malsains et dangereux?

Ces objections diverses, nous ne les acceptons pas.

C'est la peur qui les engendre. Le temps et l'avenir qui les grosssit se chargeront de les dissiper.

La main-d'œuvre, de nos jours, est en effet très-chère. Il est temps que son élévation s'arrête. La consommation dépend de la production, et réciproquement ; l'une commande l'autre. Il existe entre elles une dépendance mutuelle. Ne perdons donc pas de vue que l'augmentation des salaires amène avec elle une hausse corrélative dans le prix des denrées. Sans doute, les professions manuelles proprement dites jouent un rôle moins considérable que par le passé. L'intelligence qui dirige et qui surveille les machines, a élargi la sphère de son activité, et s'est montrée plus exigeante dans la rétribution qui lui revient. C'est une transformation à laquelle il faut s'assouplir. Mais il n'en est pas moins vrai que, règle générale, les salaires semblent avoir atteint leur maximum. Tout excédant de hausse serait factice, ne reposerait pas sur un consciencieux équilibre de l'offre et de la demande.

Comment ensuite ce déclassement, ce mépris de la famille, persévéreront-ils le jour où l'instruction se généralisera et s'universalisera? On ne se trouvera plus à côté d'esprits plus ou moins infimes qu'on considère comme inférieurs, mais à côté d'égaux qui, eux aussi, auront été imprégnés des premières effluves d'une culture intellectuelle. La moyenne sera plus instruite, voilà tout.

En sommes-nous, enfin, à manquer de livres et de bons livres? Est-ce que la production des auteurs ne suivra pas naturellement les variations de la consommation des lecteurs, et ne se mettra pas avec elles à l'unisson. Ce jeu s'effectuera spontanément. Nous avons, en France, des romans à foison. Il est vrai, malheureusement, que la grande majorité d'entre eux ne vaut rien. Qu'on se donne la peine d'aller dans les campagnes ; qu'on considère, dans les foires et marchés ces boutiques ambulantes de colporteurs, où s'étalent tant de livres jaunes à couleur suspecte, à couverture poussiéreuse, au papier grisâtre, à l'impression défectueuse et à bon marché! Ces livres là, le *Livre des amants*, la *Malice des grandes filles*, l'*École de l'hymen*, et autres livres dont je ne connais pas les titres exactement, mais qui ont tous un air de famille auquel on ne se trompe pas, ces livres-là suffisent-ils? Nous avons sans doute des romans meilleurs, mais notre littérature n'en possède que très-peu d'irréprochables et de très-bons. Nous sommes obligés de franchir la Manche et l'Océan, pour en demander à l'Angleterre et à l'Amérique. Puisse le libre échange nous amener beaucoup de ceux-là ! Suffisent-ils davantage ces petits journaux hebdomadaires à un sou, qui prennent pour intitulé chaque jour de la semaine, et ne parlent guère que de drames et de sang? Ne saurait-on rêver autre chose? N'est-ce pas un vide de notre littérature? Écoutez M. Jules Simon : « En « France, les livres populaires manqueraient. Il n'y a « pas un seul de nos grands auteurs qui consentît à « écrire un livre populaire. Cette noble tâche est tou-« jours abandonnée, chez nous, à des écrivains sans ré-

« putation et sans talent, qui offensent les ouvriers en
« affichant la prétention de les instruire, ou se rendent
« ridicules à leurs yeux, en leur empruntant leurs idées
« et jusqu'à leur langage..... L'art d'enseigner ne con-
« siste pas à descendre au niveau de son auditoire,
« mais à l'élever jusqu'à soi. » Espérons donc que l'enseignement populaire exercera, par un contre-coup
heureux, une influence désirable sur les gens de lettres.
Les bons livres sont chers parce qu'ils ne se vendent
pas. Ils resteront bons et seront bon marché, parce
qu'ils se vendront, les bibliothèques communales seront
leur écoulement véritable. La France absorbera, comme
des pays rivaux, des millions d'ouvrages. La qualité
prédominante de cette littérature naissante, devra être
de se mettre à la portée des intelligences auxquelles
elle se destine. C'est une question de tact, plus encore
que de talent véritable. En dehors de ce programme,
cette littérature serait infidèle à son origine, et dévierait
de son but. Ne nous désespérons donc pas, notre pays
n'est pas au bout de ses richesses littéraires. Le mineur
qui creuse les entrailles de la terre, croit-il qu'elles ne
recèlent que le filon qui séduit ses yeux? Est-ce que
l'inconnu ne renferme pas d'autres trésors? Nous aussi,
fions-nous un peu sur l'avenir. De toutes les mines, il
n'en est pas de plus féconde et de plus inépuisable que
l'esprit humain. Qui sait si cette littérature populaire ne
sera pas un jour une des plus belles victoires de l'imprimerie, son alimentation la plus abondante et son plus
heureux effet?

Mais, nous l'avons dit, l'instruction, à peine de rester boiteuse et infirme, à peine de joncher le sol social comme un cadavre qu'une pleine vie n'animera jamais, l'instruction ne peut pas se passer de l'éducation. Ce sont deux compagnes fidèles qui ne sauraient se quitter. A vrai dire, l'une est la mère, l'autre la fille. Ou plutôt elles sont sœurs. Et l'éducation, à son tour, si elle n'est pas morale et religieuse, elle n'est plus qu'un mot vide et un leurre. Isolée, où conduit-elle, l'instruction? Supposons-nous un moment, par la pensée, ne possédant que l'instruction que nous avons acquise, et expérimentons *in anima nostra*! Sans doute l'éducation ne nous a pas appris à raisonner, mais n'est-ce pas elle qui nous donne un sens droit dans la vie, qui nous inspire je ne sais quel flair de moralité, qui, en un mot, met le cœur en branle! N'est-ce pas à elle qu'on reconnaît partout l'homme bien élevé, indépendamment de la science et des connaissances intellectuelles! Sans elle, où est la délicatesse des rapports sociaux, cette fleur de l'âme qui s'épanouit comme un soleil de printemps et fait le vrai bonheur de l'existence, nous délassant ainsi de la sécheresse et de l'aridité des peines et des travaux. Où avons-nous puisé notre esprit d'honnêteté, notre culte pour le bien? la loyauté qui nous reproche un mensonge, l'esprit de justice enfin? Tous ces sentiments d'honneur, ne les devons-nous pas à l'exemple de nos éducateurs et aux précieux enseignements dont ils ont bercé notre enfance? Oh oui! mère de tendresse et d'amour! c'est vous qui, après les douleurs de l'en-

fantement, après nos premiers cris et nos premiers pas
dans la vie, c'est vous qui nous avez appris à craindre
et aimer Dieu, c'est vous qui, au nom de la religion et
de la morale, avez jeté dans notre âme la semence de
toutes les vertus, c'est vous qui, en nous reprenant
avec votre inépuisable bonté, dans les défaillances de
notre jeune âge, nous avez appris à éviter les chutes de
l'avenir ou du moins à les purifier par le repentir. Au
nom de la reconnaissance et du dévoûment filial, lais-
sez-nous, mère adorée, déposer à vos pieds comme un
solennel hommage de vérité, ce témoignage de la philosophie elle-même, cette parole d'un de ses plus illus-
tres représentants : « Sur dix hommes, il y en a neuf
qui doivent ce qu'ils sont, le bon ou le mauvais, à l'é-
ducation. »

Rien, à la vérité, ne saurait remplacer cet incompa-
rable enseignement maternel; cherchons pourtant ce
qui peut le seconder dans le peuple, de la manière la
plus efficace. En dehors de la famille, sur laquelle chacun ne saurait avoir qu'une action indirecte, à quelles
autres influences éducatrices et moralisatrices pouvons-
nous avoir recours? Le peuple, une fois doué des premiers éléments d'instruction, qui lui fournira de bons
livres?

Les cabinets de lecture n'existent pas pour les ouvriers. Il n'y en a pas en province. Il est même à souhaiter qu'il ne s'en fonde pas pour eux. Ces établissements ne se proposeraient évidemment que de faire des
bénéfices, et l'expérience est là qui dit qu'ils récolteraient

davantage, en s'approvisionnant de livres malsains.

Les bibliothèques publiques, elles, sont presque toujours fermées. Règle générale, elles ne prêtent pas de livres. Ceux qu'elles possèdent, destinés aux savants, ne sont pas appropriés aux goûts et à la simplicité des lecteurs populaires. Quelques villes seulement font exception. Ainsi, à Saint-Quentin, le conseil municipal a voté une somme pour acheter des livres que le public des lecteurs aura la faculté d'emporter à domicile, et qui compléteront le noyau de bibliothèque populaire qui est le patrimoine de la société académique. Cet exemple serait à imiter dans maints endroits. Les bibliothèques des communes sont désertes. Il est des ouvrages qu'il importe de conserver à demeure, mais ne serait-il pas avantageux d'en avoir, à côté de ceux-là, qui circuleraient et seraient lus! Sans cela, ces bibliothèques demeureront éternellement une valeur intellectuelle pius ou moins enfouie. Elles sont faites pour les lecteurs et non pas les lecteurs pour elles.

Dans beaucoup de villes, il existe des bibliothèques dites paroissiales. Le mot indique assez qu'elles doivent ordinairement leur fondation au clergé catholique. On ne rend pas suffisamment hommage à notre clergé, à son zèle pour répandre l'instruction. Seulement il veut, avant tout, qu'elle soit morale, religieuse et catholique. Serait-il raisonnable qu'il ne travaillât pas au triomphe de ses idées et de ses convictions? Qui oserait lui demander de se relâcher de ses légitimes sévérités? Malheureusement notre société conserve une telle défiance envers le clergé, que les bilbiothèques paroissiales ne sont pas habituellement appelées à jouir d'un très-grand crédit, surtout dans les villes industrielles, et de pareilles œuvres auront encore un obstacle de plus à vaincre, toutes les fois qu'elles revêtiront une couleur sacerdotale ou s'abriteront sous les voûtes d'une sacristie.

Au milieu de ce mouvement de propagande intellectuelle, le Gouvernement ne pouvait pas demeurer inactif. Il a créé, lui, les bibliothèques scolaires. Elles sont, pour ainsi parler, la continuation de l'école primaire, comme une première source de munitions intellectuelles pour les adultes. Leur existence date d'hier. Un arrêté ministériel, du 1er juin 1862, les a organisées. Une liste de livres est dressée par le conseil académique du département et par le ministère de l'instruction publique. Sur cette liste, chaque instituteur sollicite certains choix qu'il désigne. On les lui envoie. Aucun livre, provenant de dons ou de legs, ne figure dans le catalogue qu'avec l'autorisation de l'inspecteur d'académie. La bibliothèque est située dans une des salles de l'école et placée sous la surveillance de l'instituteur

« Ces bibliothèques, disait M. Rouland (1), seront « pour les familles, dans les longues veillées d'hiver, « un excellent moyen d'échapper aux dangers de l'oisi- « veté, et l'expérience a prouvé que dans les campagnes

(1) Circulaire aux recteurs du 24 juin 1862.

« surtout, la lecture à haute voix, faite le soir au sein
« de la famille, a des attraits puissants... C'est pour
« prévenir les funestes conséquences de choix de livres
« imprudents ou mauvais, qu'il a paru nécessaire de
« réglementer le colportage... Il importe que les ins-
« pecteurs d'académie examinent les livres avec le plus
« grand soin... qu'ils ne les admettent qu'autant que
« les populations auront quelque chose à gagner à leur
« lecture. » Malgré ces salutaires conseils, les bibliothèques scolaires n'ont pas pris et ne prendront proba-
blement pas autant d'extension qu'on l'eût cru. Cela
tient sans doute à ce qu'elles sont une annexe de l'é-
cole, une dépendance de l'administration. L'inspecteur
de l'académie, agent du ministère public, y joue un
rôle prépondérant.

C'est la même raison pour laquelle les bibliothèques
communales populaires croîtront, au contraire, de plus
en plus. Elles resteront avec leur cachet privé. Encore
qu'à la différence des bibliothèques scolaires, elles ne
reçoivent pas gratuitement de livres du ministère de
l'instruction publique, précisément à cause de cela peut-
être, elles sont appelées à faire aux autres espèces de
bibliothèques, une concurrence heureuse. C'est à elles
qu'appartient le succès de l'avenir.

On peut dire, aujourd'hui, que les bibliothèques populaires sont fondées dans le département de l'Aisne.
L'idée a été donnée par des hommes de bien. Elle a
germé. Elle a pris racine. Les souscriptions sont déjà
nombreuses; le comité central va se réunir à Laon.

Une impulsion vigoureuse sera donnée par lui à l'initiative privée. Le premier pas est fait. Il n'y a plus qu'à marcher dans la même voie. Le succès est au bout.

Les débuts des bibliothèques populaires ont été particulièrement heureux dans l'Aisne. Ce département, si riche et si plein de ressources de toutes espèces, va rivaliser avec l'Alsace, avec laquelle, d'ailleurs, il a de puissantes analogies. Toujours prêt à répandre les idées de progrès, il développera cet heureux mouvement intellectuel, assuré qu'il est de trouver une population avancée qui fera fructifier l'institution et en profitera.

Depuis quelque temps déjà, une société de cette nature s'est formée à Soissons ; d'autres se sont établies à Château-Thierry et à Villers-Cotterets. A Saint-Quentin, la Société académique a organisé une bibliothèque, qui possède déjà un fonds très-respectable de livres que le public a lus avidement. Avec les sympathies empressées de la ville, elle augmentera son catalogue et trouvera dans la bibliothèque de la ville proprement dite, qui lui prêtera certains de ses ouvrages, un concours bien précieux. A Laon, le *journal de l'Aisne* annonçait, il y a deux mois, que M. le vicomte Sérurier, prenant l'œuvre des bibliothèques en main, y avait intéressé le Gouvernement, et avait obtenu une subvention de l'Empereur. Depuis, le conseil général du département s'est, par un vote unanime, approprié la fondation des bibliothèques, et, comme il fallait une personnalité à la fois locale et connue, pour représen-

ter l'institution et présider à son éclosion définitive, il a
choisi un député du pays, M. Hébert.

Cette marche est particulièrement satisfaisante. Jusqu'ici, dans les départements où il existe des bibliothèques populaires, c'était une personne influente qui
dirigeait l'œuvre. Dans l'Aisne, ce n'est plus tel ou tel
individu déterminé. C'est une œuvre multiple. C'est
une institution départementale. Qui, pour mettre fin à
toutes les défiances ; qui, pour aplanir les difficultés
d'organisation ; qui, pour réunir toutes sympathies et
donner toutes garanties, convenait mieux que les notabilités du département désignées par le libre choix des
électeurs? Aussi le conseil général a -t-il bien fait de
confier la direction des bibliothèques populaires à un
honorable député, qui puisait dans sa qualité de représentant du pays un titre puissant à la confiance générale. Un pareil choix n'inquiétait aucun amour-propre,
ne blessait nulle susceptibilité, et était une garantie de
succès.

Ce serait cependant, selon nous, une erreur de croire
que le conseil général et le comité central, qui va se
réunir, ont voulu ou voudraient accaparer la direction
et se mettre exclusivement à la tête du mouvement.
Tout autres sont leurs tendances et leur but. Les fondations existantes ne subiront aucune modification ni
annexion. On verra même s'en former de nouvelles avec
plaisir. Le comité ne s'immiscera en rien dans les tentatives locales. Il n'adressera pas un ordre. Ce n'est
pas, sans doute, dans sa volonté, et, en tous cas, ce ne

serait pas dans son droit. Il donnera seulement des
conseils, quand on lui en demandera. Il accordera des
subventions, quand il le pourra. Il facilitera les autorisations, lorsqu'on aura recours à son intermédiaire.
Il correspondra avec les comités locaux qui se forme-
ront sur différents points du département, et quivou-
dront s'aboucher avec lui ; il centralisera l'œuvre, non
pas pour agir lui-même, mais pour faciliter l'action
d'autrui, laissant à chacun la liberté de vivre en dehors
de lui, d'adopter des statuts et de distribuer des livres.
Par exemple, la société académique de Saint-Quentin
continuera son œuvre propre, si elle le désire, ou elle
se rattachera par les liens de la correspondance, si
elle le préfère, au comité de Laon. La règle, ici, doit
être une entière liberté. Toute uniformité administrative,
toute symétrie hiérarchique, tout ce qui ressemblerait
de près ou de loin à une organisation compliquée, serait
chose détestable.

C'est bien dans cet esprit que les souscripteurs se
sont récemment réunis à Laon, et là, dans une assemblée générale, ils ont choisi eux-mêmes le bureau ; ils
ont ratifié la nomination du président de l'œuvre, qui
n'était que provisoire ; ils ont nommé pour délégués les
personnes les plus honorables et les plus estimées des
différents arrondissements et assis l'institution sur une
base solide. De cette façon, on a évité tous ces froissements d'amour-propre, toutes ces luttes personnelles
qui, fastidieuses et stériles, ne compromettent que trop
souvent les institutions naissantes. La direction est

donc l'œuvre réfléchie du libre choix des fondateurs. Un comité collectif qui sera ultérieurement établi ne laissera à personne une influence prépondérante et exclusive. Toutes les opinions et toutes les volontés seront fidèlement représentées.

Rien ne sera plus facile, quand le comité central fonctionnera régulièrement à Laon, que de créer des comités cantonaux, sinon dans tous les cantons, au moins dans les chefs-lieux importants. On en établira même dans les communes. Et là aussi une administration collective permettra à toutes les opinions de se faire jour.

C'est ainsi que nous entrons de plain-pied sur le terrain de l'application, sans phrases, sans illusions, décidés à accomplir le bien, à ne pas nous laisser décourager par les obstacles, et à déconcerter par notre patience les mille et une difficultés que soulèvent toutes les innovations et qui sont ici, comme partout, les petites misères de la vie humaine.

Si de hautes notabilités patronnent la société, si le conseil général lui donne un centre et un point d'appui, ce n'est pas une raison pour que les efforts individuels cessent. La vie serait au centre et les extrémités resteraient froides et inanimées. Pour qu'il y ait propagation de lumières et rayonnement de progrès intellectuel et moral, c'est à la commune qu'il convient de faire appel, aux notabilités communales, aux gens de bien qui ne cherchent qu'à agir et à se fortifier dans les liens fraternels de l'association.

Voici donc notre élément vital : la commune. Elle a

600, 1,000, 1,500, 2,000 habitants. Qu'importe? La quantité d'habitants ne fait rien. La personne qui se dévoue aux bibliothèques va trouver le maire. C'est le maire qui, par sa position mixte de représentant du pouvoir et de gérant des intérêts municipaux, est naturellement désigné à être le président de ces sociétés. C'est lui qui sera l'intermédiaire écouté de l'œuvre auprès du conseil municipal. Le conseil municipal est tout-puissant en pareille matière. Choisi par les habitants de la commune, personne mieux que lui ne saurait favoriser les bibliothèques. C'est lui, d'ailleurs, qui, par son vote, ne voudra pas rester en arrière et offrira généreusement une petite subvention, dont le secours sera toujours fort appréciable.

Après le maire et le conseil municipal, viennent le curé, dont l'influence est si légitime et les sympathies si précieuses pour les succès de l'œuvre, ainsi que l'instituteur. L'instituteur prêtera son école. Sans lui, la difficulté du local serait quelquefois aussi gênante que dispendieuse. L'école n'est-elle pas le logement prédestiné de la bibliothèque? Enfant, c'est à l'école qu'on allait; adulte, c'est le chemin de l'école qu'on reprendra. Qui pourrait se vanter de n'avoir pas besoin d'y retourner? Les bibliothèques populaires ne sont autre chose que l'enseignement primaire continué, prolongé, porté à sa seconde puissance. Au XIXe siècle, on développe avec zèle et chaleur de cœur, la jeune intelligence de l'enfant. Peut-on, sans inconséquence, ne rien faire pour l'adolescent et l'homme mûr? L'enseignement des premières années, qui a coûté tant d'efforts, se perdra-t-il donc ainsi dans l'oubli, tandis que la lecture de quelques livres le maintiendrait, et le fortifierait en l'accroissant? Entre l'enseignement primaire et les bibliothèques, il y a une corrélation intime et forcée. L'un commande l'autre, à moins qu'on ne soit assez paradoxal pour prétendre qu'on n'apprend que pour oublier, ou qu'on ne soit assez immoral pour dire que les connaissances acquises a l'école trouvent une application suffisante dans les publications malsaines qui se débitent dans les campagnes et dans les villes.

Telle sera la pensée exacte du comité, et elle ne saurait mieux s'affirmer que dans ces paroles de M. Hébert, président de l'œuvre, qui disait, il y a quelque temps, dans le discours de distribution des prix aux adultes, à Laon : « A quoi bon l'instruction, s'il n'y a « pas de bibliothèques populaires pour la nourrir? Elles « seules donneront, non pas cette éducation superficielle « et éphémère qui effleure tout sans rien approfondir, « et qui ne fait que des demi-savants, fléau des socié- « tés; mais cette bonne et solide instruction, puisée « dans la science du beau et du bien, dans l'expérience « que les enseignements de l'histoire peuvent seuls « donner et qui réside surtout dans les principes d'or- « dre, de haute moralité et de religion. » Depuis, à la réunion des souscripteurs, il ajoutait dans le même sens : « Faisant appel à toutes les intelligences et à tous les dé- « voûments, la société doit se tenir sur le terrain de « l'éducation morale et religieuse des classes indus-

« trielles et agricoles, afin de donner à l'instruction
« qu'elles reçoivent depuis quelques années, les moyens
« de la bien utiliser et de la compléter par la lecture
« de bons livres instructifs et moraux, en même temps
« que capables d'exciter leur intérêt. Ces livres mis à
« leur disposition dans la bibliothèque de leur com-
« mune, les dispenseront d'aller au dehors et les ratta-
« cheront d'autant au foyer de la famille qu'ils leur ap-
« prendront à aimer et à apprécier davantage. Ils ins-
« truiront en moralisant. »

Ainsi, les éléments de toute organisation, les conditions de succès, les voilà. Le maire comme président,
le conseil municipal, le membre du conseil général, le
curé, le juge de paix et les notabilités de la commune,
comme point d'appui ; l'instituteur comme le gardien
naturel de l'œuvre, l'école comme siége de l'établissement.

Avec un pareil concours, comment ne pas réussir?
En haut, on sera toujours sûr de l'appui du comité central et de l'autorité préfectorale qui s'empressera de
donner toutes les autorisations nécessaires. Cette parole,
partie des sphères les plus élevées, « la fondation d'une
bibliothèque dans toutes les communes de la France,
est une œuvre de bienfaisance et d'utilité publique, »
rencontrera, bien évidemment, les plus vives sympathies à tous les degrés de l'échelle administrative. Par
le bon vouloir et les encouragements que l'autorité a
manifestés et prodigués dans le passé, on juge avec
certitude ce qu'elle fera dans l'avenir.

Ce n'est pas tout. Maintenant que nous avons la bibliothèque, il faut la remplir. Le choix des livres est une des questions les plus importantes et les plus difficiles. Un bon livre produira d'excellents résultats, un mauvais livre engendrera de déplorables effets. Pour savoir s'il est bon ou mauvais, il faut le connaître et l'avoir lu. Ceux qui s'en rapporteraient au titre seraient bientôt trompés. Il ne faut pas plus se fier au titre de certains livres qu'à la mine de certaines gens.

Où se procurer les livres?

A plusieurs sources.

Nous avons tous, dans le coin de nos chambres ou dans le fond de nos bibliothèques, quelques livres que nous avons lus ou que nous n'avons pas lus, mais qui ne servent et ne serviront à rien. C'est une valeur enfouie. Rendons-la productive, mettons-la en circulation. Quelle valeur aurait un sac d'écus qui ne sortirait jamais de son tiroir? A quoi bon un livre qu'on coupe à peine et qui ne circule pas?

Les enfants, dans les communes, vont à l'école; ils ont des prix. C'est bien à eux; mais le nombre des prix est restreint. La famille, toute fière des succès de son enfant, l'a lu et relu. La preuve en est qu'on voit dans bien des endroits la trace non équivoque du pouce du lecteur. N'y aurait-il pas moyen de multiplier la richesse des enfants et des parents, et, au lieu d'un livre, d'en avoir trente ou quarante? Rien n'est plus simple. Apportons tous à la bibliothèque communale, quand nous les avons lus, les prix de nos enfants. On lira notre livre ; mais nous y gagnerons, puisque nous lirons ceux des autres. Plaisir et profit, ce n'est pas ch osé à négliger. Tout le monde en tire avantage ; et voilà bien la preuve qu'en association 2 et 2 font 5. On inscrira sur la première page du livre le nom de celui qui aura remporté le prix, et le nom des parents qui l'auront donné. L'amour-propre légitime y trouvera lui-même son compte. Cette source de livres aura d'ailleurs cet avantage précieux qu'elle dispense pour ainsi dire de contrôler les ouvrages, puisqu'on peut lire et faire lire en toute sûreté les volumes qui sont distribués, comme récompense, dans les écoles.

Quand nous aurons fait ce double appel à l'initiative privée, il nous reste bien d'autres moyens d'avoir des livres.

Le comité central est institué, avant tout, pour sti-muler les efforts privés. Il les encouragera principale-ment en accordant des subventions. Ces subventions seront données aux communes, aux sociétés indivi-duelles qui s'en montreront dignes par leur zèle et leur activité. Elles se feront ou sous la forme d'une remise d'argent, ou sous forme d'un don de livres. Ce dernier moyen vaut mieux, d'abord parce que le comité dé-partemental, en achetant une grande quantité de livres, obtiendra une réduction considérable dans les prix ; ensuite et surtout, parce que, composé d'hommes essen-tiellement réfléchis et moraux, il ne donnera que de bons livres susceptibles d'être lus sans inconvénients.

Il ne faudrait pas croire cependant que chaque biblio-

thèque, chaque société ne pût directement choisir ses
volumes au gré de ses désirs et au goût de ses lecteurs.
Rien ne serait plus antipathique au caractère de l'œuvre
qu'un accaparement d'influence. Toute société pourra
donc s'adresser à ses éditeurs. Mais il est bon que
chacun connaisse les facilités qui lui sont offertes, au
point de vue de l'approvisionnement des livres. Si vous
cherchez dans une commune à répandre l'idée, vous
rencontrerez d'abord quelques préventions; on vous
demandera peut-être quelle est la maison de librairie
de Paris que vous représentez. Mon Dieu! la défiance
n'est pas un mauvais sentiment, et quelques courtes
explications auront bientôt prouvé aux plus soupçon-
neux qu'il n'y a ici ni commerce ni spéculation, mais
œuvre généreuse et philanthropique.

Il y a à Paris des sociétés constituées qui, dévouées
à la pensée des bibliothèques populaires, dont elles
sont les premières créatrices, fournissent les ouvrages
demandés avec une réduction considérable. Elles ne
font pas œuvre mercantile, il ne faut pas s'y tromper,
mais uniquement œuvre de patronage et d'assistance.

Il y a d'abord la *Société pour l'amélioration et l'encouragement des publications populaires*, autorisée par
le Gouvernement en 1864, dont les bureaux et la bibliothèque sont à Paris, 82, rue de Grenelle-Saint-Ger-
main. Cette société a dressé un catalogue complet.
Chaque indication d'ouvrage est suivie d'un résumé du
livre, qui, en quelques lignes précises, vous permet au
premier coup d'œil de savoir ce qu'il contient et à

quelle catégorie de lecteurs il convient. Cette société a passé des engagements avec les éditeurs de Paris. Elle procure les livres au dernier prix, et tout achat qui s'élève à 50 ou à 100 francs donne lieu à un supplément de livres qui constitue une prime de 25 ou 50 francs. Voilà des indications qui suffisent pour montrer combien il serait avantageux de recourir à cet intermédiaire.

Une autre société, la *Société Franklin, pour la propagation des sociétés populaires*, dont le siége est à Paris, 6, rue de Savoie, s'est abouchée également avec les éditeurs de Paris, et offre, de même, de précieux avantages. Cette société compte déjà dans le département de l'Aisne, et notamment à Saint-Quentin, de nombreux adhérents.

Il y a enfin une librairie importante de Paris, la librairie Hachette, qui a imaginé un système de location pour les communes, lorsqu'elles ne voudraient pas acheter. Moyennant 25 centimes par jour, elle loue une caisse de livres d'une valeur vénale de 200 francs. Dans certains cas rares, ce système peut avoir ses avantages; mais nous ne le conseillons pas. 25 centimes par jour, somme insignifiante en apparence, font un total de 90 francs par an, ce qui serait, pour les petites communes, une dépense énorme. Si les libraires y font leur profit, les communes n'y feraient pas le leur.

Voilà donc un point acquis: ce n'est pas la facilité de se procurer des livres qui manque. Chacun agira à sa guise. Mais il est un point fondamental sur lequel tout le monde doit être d'accord, celui d'une juste sévérité dans le choix des livres.

De toutes les passions qui agitent l'humanité, il n'y en a pas de plus vives et de plus ardentes que les passions politiques et les passions religieuses. Chose singulière! la politique a pour mission essentielle et primitive de réunir les hommes en un faisceau, de les grouper en harmonie et de les protéger contre les attaques et les empiétements d'autrui. Pourquoi faut-il que, grâce au conflit des intérêts et à l'opposition des caractères, elle divise parfois les citoyens plus qu'elle ne les rapproche? La religion, de son côté, est synonyme de miséricorde et de pardon. Que de fois cependant les hommes ne la dénaturent-ils pas en se livrant en son nom à une coupable intolérance?

Pour le cas invraisemblable où des divergences d'idées, soit au point de vue politique, soit au point de vue religieux, se feraient jour dans l'œuvre des Bibliothèques, il appartient aux hommes impartiaux et modérés de les conjurer.

En première ligne, la politique n'a rien à faire dans cette question. La société a les plus vives sympathies du Gouvernement, mais elle a aussi sa vie personnelle. Elle naît et croîtra en vertu de ses propres forces. Progressive en même temps que conservatrice, elle fait appel aux hommes de toutes les couleurs et de toutes les nuances. Elle repousse nettement ceux qui, dans un but téméraire, voudraient corrompre l'institution pour en faire un moyen de satisfaire leur ambition et de

porter brèche aux droits de l'autorité légitime. Elle
réalisera le programme qu'un homme distingué de notre
époque qualifiait ainsi : « Toutes les fois qu'une question sera examinée en face, il se fera une opinion publique qui ne sera ni bleue, ni rouge, ni blanche, mais
qui sera l'opinion d'un pays et non d'un parti (1). »

Quant à la question religieuse, il importe de l'examiner loyalement. Les susceptibilités qu'elle éveille sont
trop légitimes et respectables pour qu'elle ne se recommande pas à l'attention de tous.

La Société des bibliothèques populaires est profondément sympathique aux idées religieuses; mais elle
n'entend s'immiscer dans aucune croyance, et elle ne
blessera aucune conscience. Le terrain sur lequel elle
se tiendra, c'est le terrain de la neutralité. Il faut ici
que chacun y mette du sien ; c'est en transigeant, c'est
en sacrifiant quelques-uns de ses désirs personnels qu'on
fonde une œuvre commune. Il est clair, par exemple,
qu'il serait impossible de ne meubler les bibliothèques
que de livres religieux. Les Psaumes et les Vies des
saints, si édifiants qu'ils soient, seraient bientôt mono-
tones. Mais il est clair aussi qu'il faut bannir des catalogues tous les livres où le doute ronge l'âme, où
le scepticisme étale ses cruels et froids ravages, où
une philosophie malsaine et irréligieuse se fait jour.
Catholiques, protestants et libres penseurs, au lieu
de se combattre, doivent s'unir et s'allier pour se

(1) M. Laboulaye.

tourner contre l'ennemi commun et le combattre à outrance. Cet ennemi, c'est l'immoralité, c'est la publication des mauvais romans, c'est l'extension du feuilleton immoral, c'est tout ce qui vit par le scandale, flatte les mauvaises passions populaires et ne laisse après lui rien de vivace et de fécond pour le bien. Notre littérature, Dieu merci, n'est pas dépourvue de ces ouvrages qui, neutres en matière religieuse, éloignés d'un ultramontanisme exagéré ou d'une philosophie dangereuse, offrent à tous des lectures instructives, saines et morales. Il n'y a qu'à ouvrir un des catalogues à l'usage des Bibliothèques populaires, pour faire immédiatement une récolte d'ouvrages excellents. Il importe seulement de ne se départir à aucun prix d'une juste et impartiale sévérité dans le choix des livres. Les vrais fondateurs de ces bibliothèques populaires, les hommes influents de l'Alsace, nous ont donné un exemple à suivre. Écoutons leurs sages conseils et profitons de leur expérience. Comme eux, posons en principe que « les bibliothèques doivent être irréprochables « au point de vue de la foi et des mœurs du lecteur, « et que jamais on ne séparera la littérature instruc- « tive et attrayante de la littérature morale et chré- « tienne (1). » Que la devise des Bibliothèques dans le département de l'Aisne soit celle-ci : « Civiliser en mo- « ralisant, » et que jamais les fondateurs et propaga- teurs de ce mouvement intellectuel ne perdent de vue

---

(1) M. Léon Lefébure, auditeur au Conseil d'État, secrétaire des bibliothèques du Haut-Rhin.

que « l'esprit chrétien est l'arome qui empêche l'humanité de se corrompre. »

On s'abuserait en le dissimulant ; les bibliothèques populaires peuvent avoir, soit en bien, soit en mal, une portée considérable. Il convient de régulariser et de diriger le mouvement pour lui conserver une influence pacifique et saine. N'oublions pas que « l'organisation de la société commence dans les écoles, » et rappelons-nous sans cesse cette parole du grand Leibnitz : « Celui-là qui est maître de l'éducation peut changer la face du monde. »

Il est une réflexion qui s'impose surtout à l'attention des personnes influentes de notre époque. C'est moins l'instruction qu'il faut populariser que l'éducation. L'instruction sert dans les rapports sociaux : elle grandit le citoyen, elle élève son âme, mais « c'est l'éducation qui est le baptême moral de l'homme. » Qui n'a remarqué que, dans nos écoles, on s'occupe beaucoup de cultiver l'esprit et la mémoire, mais qu'on néglige parfois un peu trop la culture des sentiments du cœur ? Consultons les penseurs de notre époque. Ils nous diront que les classes ouvrières, principalement, ont plus besoin d'être élevées que d'être instruites ; et qui ne ratifierait ces paroles d'un ministre protestant bien connu : « Si l'instruction est dépouillée de toute in-
« fluence religieuse et morale, elle contribuera faible-
« ment au soulagement de la misère, puisqu'elle ne
« tendra pas à détruire le vice, qui en est une des causes
« principales. »

L'éducation donc, plus encore que l'instruction. Le cœur avant l'intelligence, ou plutôt l'un avec l'autre, et jamais l'un sans l'autre ; la réunion de toutes les forces de l'homme pour détruire les publications mauvaises et couper le mal dans sa racine dans les campagnes et dans les villes.

Cela ne veut pas dire qu'il ne faille donner à lire que des livres graves et solennels. Un pareil sérieux serait synonyme d'ennuyeux. Il convient, au contraire et principalement dans les débuts, de recourir à des lectures attrayantes et amusantes. C'est comme cela que, dans les campagnes surtout, on amorcera le public. Des publications illustrées, telles que le *Magasin pittoresque* et le *Musée des familles*, sont appelées à jouir d'un véritable succès. Peu à peu, par ce moyen, les livres plus sérieux se liront à leur tour. Mais on rébuterait le lecteur, si on commençait par là. Toutes les bibliothèques déjà fondées témoignent de cette vérité que les ouvrages un peu scientifiques, même ceux qui sont appropriés aux travaux pratiques de la ville et de la campagne, ne sont pas d'abord recherchés avec empressement. Les histoires, les voyages, des romans choisis sont, au contraire, très-goûtés.

Il reste maintenant, au point de vue pratique, à fonder un règlement net et court. Ici encore les communes et les sociétés seront maîtresses ; mais le règlement central aura toujours, à leurs yeux, une véritable influence. Ces questions sont évidemment œuvre subsidiaire, questions de réglementation sur lesquelles il est facile de s'entendre. Voici seulement les points les plus importants.

Le prêt des livres doit-il être gratuit? Il le serait qu'il n'y aurait aucun inconvénient grave. Mais l'expérience a définitivement démontré qu'il valait mieux qu'il ne le fût pas. Le prêt gratuit, aux yeux de certaines classes de la société, ressemble trop à une aumône. L'œuvre des bibliothèques serait considérée comme une œuvre de bienfaisance. Il faut éviter cette fausse interprétation. La somme qu'on devra payer sera aussi insignifiante qu'on voudra, 0,15, 0,10, 0,05 cent. par volume, suivant les communes; mais cette rétribution sera précieuse. Les lecteurs considéreront comme un droit d'avoir des livres; l'idée de patronage et d'influence secrète et forcée disparaîtra complétement ; puis, quand on paye quelque chose, on y attache plus d'importance. Il en est ici comme de la rétribution scolaire. Les parents surveillent d'autant mieux les progrès de leurs enfants que ces progrès leur coûtent quelque chose. De même la lecture leur semblera plus sérieuse, parce qu'ils payeront une petite somme. Ajoutons que, si le lecteur garde le volume trop longtemps, plus de vingt jours par exemple, il devra payer une deuxième fois la location, ce qui sera un stimulant pour le pousser à lire. Au reste, la rétribution des livres demeurera facultative pour les communes, et il pourra toujours y en avoir, qui, en raison de circonstances particulières, auront intérêt à prêter des volumes gratuitement. C'est là une question d'appréciation toute locale pour laquelle il serait imprudent d'adopter une solution uniforme et invariable.

On fera bien, en général, de ne prêter qu'un volume à la fois. Il faudra tenir la main aussi à ce qu'il soit rapporté exactement dans le délai fixé, quinze ou vingt jours. Il importe d'habituer les lecteurs à l'exactitude et de garantir cette exactitude par une petite amende, dont on pourra faire remise en pratique, mais qui sera toujours exigible en théorie.

Une bonne chose encore, c'est d'avoir un catalogue. N'eût-on dans l'armoire de la bibliothèque que quinze ou vingt volumes, n'importe, on fera bien d'en composer une liste à la main, de la copier plusieurs fois et de la faire circuler dans la commune. C'est un petit moyen, mais la propagande est infaillible. De même, un timbre, apposé sur chaque volume, donnera un caractère authentique plus imposant à la bibliothèque, et en annoncera la fondation partout où le livre circulera, en même temps qu'il garantira la fidèle restitution du prêt.

Dix-neuf fois sur vingt, ce sera l'instituteur qui sera naturellement le bibliothécaire et le trésorier. Son zèle et son instruction lui permettront de diriger sans peine cette partie essentielle de l'œuvre. Un ou deux petits registres suffisent pour l'administrer avec ordre et promptitude. Dès le début, qu'y a-t-il de plus simple que d'ouvrir à chaque lecteur un petit compte courant par doit et avoir, en mettant d'un côté les livres qu'il emporte et de l'autre ceux qu'il rend. Là où les lecteurs seront plus nombreux, le système se modifiera aisément.

On le voit, dans tout cela, il n'y a aucune difficulté sérieuse, il suffit d'avoir de la bonne volonté. Le comité central, lors de sa prochaine réunion, lancera, sans doute, en forme de circulaire, un appel aux maires et autres personnes influentes des différentes communes du département. Cet appel, il faut bien le comprendre, sera purement et simplement un appel à l'initiative de chacun. Dès aujourd'hui, les journaux du département ont ouvert une souscription. La presse s'est emparée de l'idée nouvelle avec conviction, avec zèle, avec ardeur (1). On ne se figure pas ce que peut une volonté ferme et une propagande active. Tel instituteur, on l'a vu récemment, réunira, dans sa commune, un nombre considérable de souscripteurs. Une faible somme d'argent suffit pour réussir. Avec 50 ou 100 francs on forme le noyau d'une bibliothèque populaire. Ce n'est rien pour un conseil municipal. Ce n'est rien non plus pour les gens notables d'une commune. Il n'y a pas d'autres frais. A quoi bon une organisation savante et compliquée? Qu'on commence et le reste ira tout seul. Une bibliothèque spéciale est un meuble superflu. Dans le début, une armoire, une planche suffisent. C'est avec de petits commencements et un zèle tenace que l'œuvre

_____

(1) Voir les divers journaux du département, notamment les articles de MM. Stenger et Moureau, et une brochure de M. Stenger sur les bibliothèques populaires dans le département de l'Aisne.

grandira et se développera, paisiblement, sans obstacles et sans froissements. Doué de l'esprit d'initiative et doté des plus puissants éléments de succès, le département de l'Aisne sera bientôt, comme instruction et développement du progrès intellectuel, de même qu'au point de vue matériel et économique, un des départements les plus avancés et les plus riches de l'empire. C'est dans l'Aisne que, depuis peu d'années, le nombre des bibliothèques scolaires a dépassé le nombre de 200, et qu'elles comptent un total de plus de 32,000 volumes. C'est dans l'Aisne que, par une extension qui a paru à l'inspecteur de l'Académie « tenir du prodige, » les 39 cours d'adultes qui existaient en 1865 se sont élevés en 1866 à 721, avec 13,849 auditeurs. C'est bien dans un pareil département, où les journaux de chaque jour publient déjà une liste d'adhérents à la fondation des bibliothèques communales populaires, que cette institution nouvelle est appelée à se propager, à s'étendre partout, et à engendrer de beaux et féconds résultats.

Au milieu de cette nomenclature des moyens de répandre l'instruction chez les adultes, — cabinets de lecture, bibliothèques publiques, paroissiales et scolaires, — c'est donc aux bibliothèques populaires qu'il faut s'en tenir, comme se plaçant sur le terrain le plus accessible à tous et le plus neutre, de façon à le mieux concilier les différentes opinions. Mais que ces bibliothèques ne s'écartent jamais de l'esprit et des promesses qui ont présidé à leur origine. Point d'intervention officielle, point de pression de la part des comités centraux. Dans les choix de livres que fera personnellement l'association, sévérité scrupuleuse, moralité irréprochable, conservation de la foi religieuse et des mœurs du lecteur.

Dans les pays où il n'y a pas encore de bibliothèques populaires, dans ceux où elles ne réussiraient pas, quelqu'en soit le motif, il reste toujours un élément vivace pour l'instruction et la moralisation : l'influence du patron.

Que les établissements manufacturiers aient à eux un certain nombre de volumes. Qu'ils se cotisent lorsque les forces industrielles seront insuffisantes! Ces bibliothèques particulières manquent totalement chez nous, et cependant l'étranger nous en donne l'exemple. Quel bienfait, si la manufacture, en même temps qu'elle est pour le travailleur une source de richesse, devenait aussi, par la lecture de bons livres, l'école du cœur et des bonnes mœurs! Quelle action n'exercerait-elle pas sur les jeunes enfants et sur les jeunes filles qui y travaillent! Voilà bien une occasion de développer l'éducation de la femme, qu'on néglige tant. Est-ce que les femmes des patrons n'auraient pas assez de loisirs et de zèle pour visiter les enfants des deux sexes qui sont occupés dans leurs établissements, les surveiller dans leurs progrès, leur faire la leçon quelquefois et leur donner des conseils appréciés? N'est-ce pas là une mission réservée à la femme? Avec quel tact et quelles convenances ne s'en acquitterait-elle pas! Comme elle pique-

rait l'émulation des enfants : comme son influence re-
jaillirait sur les parents eux-mêmes ! Nous nous sommes
plaint que les patrons fussent, en dehors du fonctionnement de l'usine, trop étrangers à leurs ouvriers.
L'éloignement des femmes des patrons n'est-il pas
encore plus regrettable? Leur présence périodique dans
le but de diriger la conduite des apprentis, leur laisserait le temps de remplir leurs devoirs de société et de
briller dans le monde. A défaut des maîtresses d'établissements, une ou plusieurs fabriques importantes,
surtout lorsqu'elles sont situées dans un isolement
relatif, devraient invoquer le concours de sœurs ensei-
gnantes. Le bien qu'elles feraient ainsi est infini.

En même temps que l'instruction morale et religieuse proprement dite, les chefs d'établissements ne
pourraient-ils pas encore instituer pour leurs ouvriers et
principalement pour leurs jeunes ouvriers, des divertissements du dimanche, qui seraient mélangés de
certains exercices intellectuels? C'est malheureusement
ce qui n'existe presque nulle part. Sans doute la mise
en train n'est pas facile. Il faudrait du tact pour diriger
ces jeux, une véritable adresse pour y maintenir de
l'ordre. Mais un patron intelligent ne saurait travailler
à rien de plus utile. Des distractions, il en faut néces-
sairement. S'il n'y en pas de bonnes, on en prendra de
mauvaises. A quoi bon s'illusionner! Il y a des publicistes qui, pour la moralisation du peuple, fondent des
espérances sur notre littérature dramatique et nos
théâtres. Sans aborder, en général, la question de la

valeur morale des spectacles scéniques, il est impossible, dans l'état actuel des choses, d'envisager le théâtre comme une école de mœurs. Une revue disait il y a vingt ans : « Les dix drames les plus vantés de
« la nouvelle école renferment 8 femmes adultères,
« 5 prostituées de différentes classes, 6 victimes de la
« séduction, et 2 malheureuses jeunes filles dont les
« couches se font presque sous les yeux des specta-
« teurs, de plus 5 amants qui s'introduisent la nuit
« chez leurs maîtresses; ces dernières viennent se
« déshabiller sur la scène, 4 mères sont amou-
« reuses de leur propre fils, 2 d'entre elles consomment
« l'inceste, 11 amants ou maîtresses assassinent l'objet
« de leur amour, et 6 héros bâtards déclament contre
« la société et la légitimité de la naissance. » Et aujourd'hui !... Laissons parler des témoignages qui ont
de l'autorité. Le livre bleu distribué aux grands pouvoirs de l'État s'exprime ainsi : « Le niveau artistique
« et littéraire des théâtres n'est plus à la hauteur où
« l'avait placé jadis la juste sévérité du public, gardien
« naturel de l'esprit français. » Et dans un rapport
délicat et élégant, un sénateur répondait ainsi en termes
discrets, mais significatifs, à une pétition relative à l'art
théâtral : « Sur les théâtres libres, le Gouvernement
« n'a l'œil que pour les obliger à respecter l'ordre
« public, les lois et la décence... Il est vrai que l'exer-
« cice sévère de ce droit est pour lui un devoir. N'y
« a-t-il rien à reprocher à l'administration sous ce
« rapport? La question n'est pas soulevée par le péti-

« tionnaire (1). » La censure théâtrale ne disparaîtrait pas impunément de nos lois. Mais il ne serait certainement pas fâcheux qu'on appliquât à la morale la sévérité qu'on a pour la politique.

Avec l'instruction et les divertissements du dimanche, les patrons devraient s'attacher davantage à surveiller les bonnes mœurs de leurs ouvriers. Ils ne s'en préoccupent pas assez. Ce chapitre donne lieu à beaucoup de plaisanteries, mais à peu d'essais. La moralité, on le perd perpétuellement de vue, est cependant la source vive du bonheur privé et aussi de la tranquillité publique. On veut faire disparaître la criminalité, mais alors il importe moins de donner de l'instruction que de perfectionner les mœurs. N'est-ce pas le lieu de rappeler que, depuis tantôt dix ans, les crimes contre les personnes s'accroissent dans d'inquiétantes proportions? Les magistrats ne signalent-ils pas ce mal avec instance et ne s'en affligent-ils pas? Ne se rappelle-t-on pas le témoignage du juge qui, à la première nouvelle d'un crime : Où est la femme, disait-il. Ici encore, les hautes classes sont loin de donner un édifiant exemple. L'immoralité règne chez elles plus cachée et moins répugnante; mais la corruption, pour être plus chatoyante, plus veloutée, plus raffinée, n'en est que pire. Moins brutale et moins franche, elle est plus cauteleusement prudente pour louvoyer dans le vice, côtoyer le Code pénal, dresser l'oreille aux menaces du magis-

1) Rapport de M. de Sacy. *Moniteur* du 11 avril 1866.

trat et s'arrêter à la frontière de la répression légale.
Leur rôle serait cependant, par le double moyen du bon
exemple et de l'éducation, de combattre l'immoralité
chez le peuple. En dehors de cette voie, on aura beau
faire, la criminalité ne diminuera pas.

CHAPITRE XI.

—

A toute époque, des esprits, complaisants envers eux-
mêmes, se sont gratuitement accordé le talent de pré-
dire l'avenir. Les uns ont suivi la pente de leurs goûts
optimistes; pour eux tout futur est beau et reflète l'état
de leurs illusions. Emportés qu'ils sont par la chaleur
de leur conviction et l'entraînement contagieux d'un sé-
duisant langage, ils rêvent de trompeuses éventualités.
Il ne faut pas avoir vécu bien longtemps pour savoir
que ces promesses-là sont de celles qui ne se réalisent
pas.

D'autres esprits, pessimistes de leur nature, s'obs-
tinent invariablement à voir l'horizon en noir. L'inconnu ne renferme que fléaux et désastres. Il n'est pas
un fait social, économique, politique ou religieux qui
ne soit le précurseur d'une catastrophe inévitable. Pour

eux la table du genre humain n'est qu'un long chapitre de cataclysmes. La révolution nous menace au seuil du lendemain. Le monde s'anéantirait sans une intervention médiate et expresse de la Providence.

De part et d'autre, exagération manifeste. Jugeons la situation d'un œil moins prévenu, avec impartialité ; et puisqu'une plume éloquente a soufflé de ce côté le vent de la discussion, demandons-nous, en quelques mots quels sont les *signes du temps*.

Un des principaux traits de notre époque, est de n'être d'accord à peu près sur rien. Les esprits, les lois et les livres touchent à tout et la controverse est partout. Depuis la constitution qui, si elle était discutable, ne serait vraisemblablement pas un terrain d'entente parfaite, jusqu'aux plus insignifiantes questions, controverses et dissidences. L'ancien et le nouveau sont aux prises. Querelle des antiques et des modernes, dans tous les genres. La France d'autrefois était, suivant une expression auguste et solennelle, catholique, monarchique et soldat ; son patriotisme vit encore de la même vie, mais le catholicisme est battu en brèche par un flot envahissant de libre pensée et la démocratie coule à pleins bords. De pareilles attaques et métamorphoses n'ont pas lieu sans de graves conflits d'idées et d'opinions.

Il faut avouer que la presse, qu'on dit être la représentante de l'opinion publique, reflète assez bien, du moins, cette inépuisable opposition des esprits. Mais à l'examiner sérieusement, on se tromperait en la prenant pour l'organe réel de la majorité des pensées du pays. Tantôt trop avancée, trop hardie, elle forge et répète des thèses de convention dont il n'est pas rare dans la liberté du tête à tête, de voir désapprouver les excès. Tantôt, elle ne groupe autour d'elle qu'une coalition d'intérêts, variable comme ces intérêts eux-mêmes. Tantôt enfin elle s'obstine à demeurer inaccessible à des idées nouvelles, qui, pour n'avoir pas vécu il y a cent ans ou plus, n'en sont, par cela seul, ni moins bonnes, ni moins vraies. L'état de la presse, entreprise appropriée à un public donné, campée dans une opinion dont les intérêts personnels lui défendent quelquefois de démordre, ne correspond donc, au fond, que très-imparfaitement à la situation des esprits. Une autre vérité, est que notre temps qui se qualifie de progressif et de lumineux par excellence, a fait énormément de progrès matériels mais beaucoup moins de progrès moraux. Dans l'ordre moral, où est cette révolution qu'on appelle, dans l'ordre physique, les chemins de fer, les télégraphes, les machines et les merveilleuses inventions de toute sorte ? De bonne foi, y a-t-il proportion dans ces deux genres de progrès, similitude dans leur extension ? A côté de l'instruction qui commence à se répandre, est-on plus honnête ? A-t-on plus de probité ? L'agiotage fait-il moins de dupes et moins de victimes ? Est-on plus heureux dans le sens élevé du mot ? L'homme voit-il ses désirs légitimes plus satisfaits ? Les besoins au contraire n'augmentent-ils pas, ne centuplent-ils pas chaque jour ? sait-on les modérer ? Les ambitions ne sentelles pas plus vives, les consciences moins scrupuleuses et moins fortes?

Sans doute, la surface est tranquille, et l'ordre règne autrement en France, qu'il ne régnait jadis à Varsovie. Cette surface a même parfois la placidité du marbre. Le souffle des intérêts qui se contrarient, n'occasionne sur ses ondes qu'un léger et imperceptible frémissement qui les ride. Mais on sent bien cependant qu'elle n'est pas aussi calme dans les profondeurs, qu'il bouillonne au dedans de sourds et acharnés mécontentements, et si les couches intermédiaires étaient limpides, on verrait se remuer à l'envi dans ces abîmes, et la jalousie de celui qui n'a pas et la haine accumulée de celui qui souffre. Pour contenir ces passions et les refouler, une autorité ferme sera longtemps nécessaire. Avec quelles appréhensions ne songe-t-on pas à des modifications qui jetteraient la machine gouvernementale dans le désarroi et la direction sociale dans le vide !

Si ces réflexions sont dans toutes les bouches, il ne convient pas cependant de charger le tableau outre mesure, de l'assombrir encore et de le noircir des couleurs d'un injuste désespoir.

On crie à la démoralisation. On traite notre génération comme la pire de toutes. Une réflexion doit nous consoler. Il n'est pas d'époque où les mêmes doléances ne se soient identiquement reproduites. Le passé n'est beau que pour ceux qui le regrettent en vieillissant. La fin du règne de Louis XIV était-elle si heureuse? Et la Régence, et les dernières années de Louis XV, et les

cahotements sanglants de la révolution, et les guerres
épuisantes du premier empire, tout cela était-il donc
si magnifique! On disait alors que l'humanité marchait
à une étape de progrès, qu'elle l'atteindrait à la sortie
d'une crise passagère, qu'une nouvelle ère de bonheur
et de paix ne pouvait s'ouvrir au profit des petits-fils et
des petits-neveux sans les douleurs momentanées d'un
enfantement pénible. Nous sommes, nous, les petits-fils
et les petits-neveux, les descendants de ce temps-là.
Que voyons-nous? même répétition, même style et
mêmes métaphores. Il est difficile, du reste, de bien juger le temps qui n'est plus. Demandez à un malade
comment il se trouve. Il jugera de sa maladie d'après
les impressions présentes, et l'homme le plus valide
n'échappe qu'imparfaitement à cette influence du moment. De même dans nos jugements. Prenons garde
aux lointains trompeurs. Suivant que nous envisageons
l'ensemble ou les détails, suivant notre disposition d'esprit, et les témoignages que nous interrogeons, le oui
et le non se dessinent avec des couleurs plus ou moins
accentuées.

A travers les indiscrétions inévitables de la presse,
qu'il s'agisse de théâtre, de moralité sociale ou de gouvernement, on serait tenté de croire que les hautes
classes sont aujourd'hui plus corrompues que jamais.
Sans doute elles offrent quelquefois de peu édifiants
spectacles; mais après avoir fait sa part à la calomnie,
n'est-il pas juste de reconnaître que l'immoralité des
classes élevées, sans dépasser celle des autres, attire

d'autant plus l'attention que les personnages sont plus en vue et les situations plus notoires. Oui certes, il y a, dans notre siècle, des symptômes inquiétants. Il y en a toujours eu. Il en reste et en restera plus d'un. Mais est-il raisonnable d'avoir peur à ce point de se croire sur le bord d'un abîme. Courons-nous tant de dangers religieusement, politiquement et socialement parlant? Triple question qui exige une triple réponse.

Quel est l'état de notre société, au point de vue religieux? Si nous nous en rapportons à la voix autorisée de l'épiscopat français, nous ne serions pas rassurés. « L'explication des calamités présentes, disait très-« récemment un prélat [1] est fort simple, le flot de l'im-« piété s'est élevé jusqu'à la négation de la Providence. « La Providence répond en sa manière à l'insolence « des blasphémateurs. » « Bien aveugle, disait un « autre évêque [1], seraient ceux qui s'abuseraient sur « les périls actuels du monde et sur les cataclysmes qui « menacent la société actuelle plus encore que l'Église. « — Plaise à la bonté divine d'obvier au déchaîne-« ment des passions qui aspirent à tout renverser, à « tout ruiner et à tout engloutir! » Mais aucune plume n'est plus éloquente, plus énergique, plus entraî-nante que celle-ci. Écoutez son ardent langage : « Ce qui tremble encore plus que le sol qui nous « porte, c'est la société. Ce qui déborde et nous inonde

(1) Mgr de Périgueux.
(2) Mgr de Poitiers.

« d'une inondation plus menaçante que nos fleuves,
« ce sont les fléaux d'un autre ordre, les maux de
« l'ordre social. Les doctrines impies et révolution-
« naires ne font plus sourdement leur chemin sous
« terre; elles ont aussi rompu leur digue. Je ne sais
« quelle puissance mystérieuse les enhardit et les dé-
« chaîne. On les voit faire aujourd'hui leur œuvre,
« comme peut-être jamais, avec une tranquillité et une
« assurance du succès qui ne se dissimule pas. Faut-il
« s'en étonner, quand on voit l'état des âmes et des con-
« sciences? En haut, cette élégante et effroyable cor-
« ruption des mœurs que de temps en temps la presse
« nous raconte. En bas, les passions les plus mena-
« çantes mal contenues; partout le débordement des
« plus subversives erreurs. La guerre à Dieu et à
« l'Église, plus universelle, plus radicale et acharnée
« que jamais. — Oui, et voilà ce qui m'épouvante et
« me fait craindre pour les derniers jours de ce siècle,
« les dernières calamités. La guerre à Dieu et à la re-
« ligion grandit chaque jour. L'athéisme marche tête
« levée. Sous ce rapport, le XVIIIᵉ siècle est de loin
« dépassé etc., etc... ¹ »

Ces prédictions, si brûlantes d'éloquence et si
tristes, sont frappées au coin d'une violence de langage qui existe sinon dans l'âme de l'auteur, du moins
dans les termes. Faut-il croire que les fléaux de ces
derniers temps soient une vengeance divine? Ce mot

(1) Mgr d'Orléans.

de vengeance sonne mal d'abord. Et ensuite, Dieu
peut tout, sans doute, mais cette toute-puissance
nous autorise-t-elle donc à assigner partout une sorte
de miracle pour cause à des faits que les lois physiques et naturelles suffisent à expliquer? Le monde
n'a-t-il jamais éprouvé de tremblements de terre, de
fléaux épidémiques et de calamités sociales? Est-il un
désastre qui, humainement parlant, s'explique mieux
que les débordements des fleuves? Puisque les desseins
de Dieu sont impénétrables, pourquoi donc les pénétrer
avec tant d'assurance? Le miracle est possible, mais il
n'est pas commun, et ne le voyons du moins que là où
la science et l'ordre des lois de la création ne nous
donnent plus d'éclaircissements. Laissons d'une part
ces terreurs alarmistes, ces interprétations conjecturales
et hardies. Laissons aussi, d'autre part, les aigreurs de
la polémique et évitons avec le même empressement
qu'on met quelquefois à les rechercher et à en profiter,
ces malentendus que chacun se créerait si aisément en
isolant une idée et forçant le sens ordinaire des mots.
Revenons à la réalité. Ce qui est vrai, c'est que de nos
jours, l'esprit de la religion est trop souvent dénaturé.
La religion revêt des formes trop sociales et passagères.
On l'humanise à l'excès. On en fait une institution civile. Elle se sécularise. Il n'y a plus de charité, mais,
à la place, de la bienfaisance et de la philanthropie. On
ne secourt plus le pauvre parce qu'il est un frère, mais
surtout parce qu'il constitue, suivant une charmante
expression de l'économie politique, un être improductif.

La piété publique envers les morts n'est plus un acte religieux ; c'est principalement un honneur social qu'on rend au défunt. L'idée de responsabilité morale s'abaisse. On a plus de religiosité que de religion. Toujours le côté terrestre qui domine. Voilà des missionnaires qui partent pour la Chine. Savez-vous pourquoi on les louera ? uniquement parce qu'ils vont en de lointains parages faire germer le progrès et la civilisation. Jusqu'à ces saintes sœurs de charité qu'on admire bien plus parce qu'elles pansent les plaies des malades et des mourants, que parce qu'elles vous préparent à une bonne mort (1). Jusqu'à notre enseignement, qui, trop souvent, se pénètre de je ne sais quelles effluves d'une religion naturelle que ne comporte pas pourtant l'éducation de la jeunesse. Il semble qu'au moral comme au physique la cloche qui parle de Dieu et de devoir soit remplacée par le tambour qui, comme le valet de chambre de Saint-Simon à son maître, vient dire chaque matin, dans un langage tapageur : « Jeunes hommes, debout ! vous avez aujourd'hui de grandes choses à faire. »

Non, la religion n'est pas cela ; elle n'est pas une institution sociale. Sans doute, par contre-coup, elle réagit sur l'état de la société, effet aussi heureux qu'inévitable. Mais, à moins d'être faussée, elle ne doit être

---

(1) Voyez M. Isoard, ex-directeur de l'école des Carmes, aujourd'hui auditeur de rote : *Hier et aujourd'hui, dans la Société chrétienne.*

qu une conviction purement privée, pratiquée dans le sanctuaire impénétrable de chaque conscience. Elle échappe, sinon aux manifestations extérieures, qui en sont une partie intégrante, du moins aux règles et aux appréciations qui dominent les autres rapports sociaux des hommes entre eux. Indépendante de la politique toutes les fois qu'elle ne sort pas de sa sphère légitime, elle n'exerce son vrai rôle qu'en agissant dans le for intime de l'homme et, dans ce domaine respecté, elle est la plus grande force, la plus féconde source d'amélioration et de moralisation. Comment comprendre alors tous les malentendus qui, nés il y a des siècles déjà, se perpétuent dans le nôtre pour en troubler leur harmonie? Que signifie cette opposition entre libéral et clérical? Quel abus de mots! Est-ce que la pratique d'un culte empêche de loyalement aimer la liberté sous toutes les formes, sauf aux convictions personnelles à conserver par ailleurs leurs nuances et leurs divergences? En quoi donc un croyant serait-il forcé de maudire et la liberté de la presse, modérée dans ses écarts par la répression judiciaire, et la liberté de réunion, distinguée avec soin du club et de l'émeute, et, au besoin, la liberté parlementaire avec la conservation aux pouvoirs publics d'une indispensable initiative et direction? On dit que la religion, comme une statue immobile du passé, ne se plie point aux idées présentes. En vérité, quelle confusion! Ses dogmes, ses bases n'ont pas changé. Cette immutabilité est précisément la garantie de leur vérité. Mais l'esprit politique et civil de ses adeptes en

est radicalement indépendant. Le croyant disparaît
pour faire place au citoyen.

En politique, que de transformations aussi, et quel
désaccord d'opinions! Mais au lieu de tant parler de ce
qui divise les hommes, pourquoi encore ne pas insister
davantage sur l'expression des vœux qui leur sont communs? Il reste à exploiter tout un champ de libertés
que nous n'avons pas encore, et son exploitation, avec
un peu d'union, serait autrement heureuse que le fruit
de tant d'efforts qui se disloquent et se contrarient.
Sans avoir un amour illimité pour le principe des natio-
nalités, né d'hier, dit-on, mais dont on a déjà abusé
comme d'une vieille chose, sans le pousser à ses dernières limites, qui ne sont autres que l'intervention de
la volonté populaire à chaque changement des gouver-
nants, c'est-à-dire la destruction de l'hérédité dans la
politique, est-ce qu'on ne peut pas, avec ensemble et
harmonie, souhaiter l'expansion des libertés communales, civiles et politiques?

Spécialement lorsque, de nos jours, on sonde les
vraies dispositions du pays, on s'aperçoit vite que les
questions ouvrières préoccupent, entre toutes, les esprits
sérieux. Chose triste à dire! les dangers que certains
redoutent, proviennent, en grande partie, des flatteries,
disons le mot, des flagorneries qu'il n'est pas rare,
hélas! de voir prodiguer aux ouvriers. Est-ce là le
langage d'un ami sincère? N'est-il pas des vérités, au
contraire, qu'il faut dire? Il est aussi facile que peu
méritoire de s'affubler d'une couleur démagogique, de

faire appel à des instincts plus irréfléchis que sensés, de s'entourer par le prestige des mots et le creux des idées d'une auréole éphémère de popularité. N'est-il pas exact cependant que parmi les ouvriers, à côté de ces honnêtes artisans partagés entre le labeur quotidien et le foyer de la vie de famille, il en est qui sont plongés dans l'apathie? N'en est-il pas d'autres que rongent la paresse et le vice plus encore que la misère? Ne sont-ils pas nombreux ceux-là qui n'ont plus de déférence pour personne, même pour leurs maîtres; qui, arrogants et malhonnêtes, augmentent à chaque heure leurs incroyables exigences et ne veulent que travailler peu et tant bien que mal pour gagner beaucoup. On croirait, à les entendre — et de coupables adulations alimentent ces déplorables idées — qu'on ne fera jamais assez pour eux, mais qu'eux-mêmes ils en feront toujours trop, et il semblerait que l'obligation où ils sont de vivre au jour le jour, en même temps qu'elle les prémunit contre toute perte, puisqu'ils n'ont rien, autorise de leur part d'exorbitantes prétentions.

Si maintenant vous ne considérez plus les ouvriers isolés mais pris en masse, est-ce toujours un bon esprit qui préside à leurs résolutions? Nous avons actuellement le droit des coalitions; droit reconnu en théorie, droit insaisissable en pratique. Il repose sur la pointe d'une aiguille. Allez dire à des ouvriers qui ne connaissent pas apparemment les subtilités juridiqeus, qui sont pressés par l'impérieux besoin de vivre eux et les leurs, qui par un contact mutuel se raffermissent et s'échauffent réciproquement, allez leur dire de ne pas subir l'ascendant des meneurs, de s'arrêter à temps, de proscrire la violence physique et aussi, sans doute, cette autre violence, dont on leur tiendra compte peut-être, et que, sans bien pouvoir la définir, on nommera la *violence morale!* L'autre jour une grève à Lyon, hier à Denain! Le Gouvernement a fait tout ce qu'il pouvait. Mais les 300,000 francs de la société du Prince Impérial et les 300,000 francs généreusement donnés par l'Empereur pour fonder une société coopérative, est-ce une solution applicable partout, du plus au moins, si, ce qu'à Dieu ne plaise, de pareilles occurrences surgissaient de nouveau? L'opulence de la cour et de la ville portera des vêtements de soie brochée et damassée. Est-ce un remède toujours efficace ? Il faut reconnaître, en fin de compte, qu'il est des salaires que la production ne peut pas hausser, que si les salaires augmentent la consommation monte aussi; que si tout monte, l'ouvrier bénéficie beaucoup moins de l'accroissement de son salaire, et qu'en même temps, un renchérissement universel multiplie les gênes et les souffrances, en altérant le véritable rapport des valeurs respectives.

Est-il vrai enfin que les ouvriers se sont bien guéris des chimères du passé, que l'arbitraire leur est odieux, qu'ils répugnent à la violence et que sous l'impulsion d'un courant libéral ils renoncent définitivement à l'esprit de caste et d'exclusion? Est-ce vrai? On le dit. Des écrivains qui s'illusionnent, le répètent avec acharnement. Et cependant, quand on va au fond des choses, quand on interroge bien la situation, l'intelligence impartiale ne saurait, de tous points, s'approprier cet optimisme.

Depuis quelques années, les ouvriers prennent l'habitude de s'expliquer eux-mêmes. Ils nomment leurs dé légués. Ils ont leurs congrès. Que nous révèlent-ils ? Qu'ont-ils dit à Londres en 1862, à Genève en 1866 ?

Ils s'occupent un peu de tout. Leurs délibérations seraient plus fructueuses et leur compétence plus acceptée si leurs études qui touchent à l'universalité des problèmes sociaux ne prenaient pas un tel caractère encyclopédique, et ne perdaient par là en profondeur ce qu'elles gagnent en largeur. Avec l'économie sociale, les armées, l'impôt, le droit des gens, le libre échange, la politique et la religion sont assez lestement jugées. L'étendue immodérée du programme, voilà un premier danger.

En voici un autre. Il paraît que les ouvriers de tous les pays se donnent le mot ; qu'ils constituent entre eux une *association internationale* de travailleurs d'un genre nouveau ; que, moyennant une cotisation insignifiante, ils se créent des ressources pécuniaires, et s'organisent hiérarchiquement, formant une armée, nommant leurs chefs, obéissant à une véritable discipline et à un même mot d'ordre qui, par l'entremise d'un journal de l'association, se transmettent dans toutes les langues. Sur de pareilles données l'institution risque beaucoup de s'égarer, de sortir de ses voies normales, de ne pas atteindre le but de sa fondation, et il est à redouter surtout qu'en mettant les patrons à l'écart, elle ne s'isole, ne se forme en un camp d'intérêts exigeants et identiques et ne crée encore un obstacle de plus à la fusion des classes et à la mixtion de ces deux puissances trop souvent ennemies : le travail et le capital.

Il est un point général où la pratique démentirait, sans doute, la théorie ; où la famille laborieuse et pauvre ne s'associerait vraisemblablement pas à l'expression exagérée des sentiments des délégués. Leur vœu le plus formel, leur principal *desideratum* est la suppression universelle des salaires. Une solution si radicale n'est ni rationnelle ni possible. Avant de se réunir pour produire, il faut commencer par avoir. Qu'on ait ou qu'on n'ait pas, il faut encore préalablement vivre. Comment vivre sans le salaire qui est le pain de chaque jour?

Mais ce qui fait le plus de peine dans quelques délibérations des ouvriers, c'est de voir l'esprit de corps et d'exclusiion filtrer à travers leurs pensées et discours. Nous trouvions tout à l'heure ces caractères dans la composition du personnel de l'association et dans l'hostilité contre les patrons ; on les rencontre de nouveau dans certaines propositions qui consistent tantôt à proscrire le travail des femmes dans les manufactures, tantôt à fixer le minimum des salaires. Partout au contraire, il importe de laisser libre le jeu respectif de l'offre et de la demande, d'équilibrer la production et la consommation, d'entretenir dans de constants rapports le pauvre et le riche, de ne combiner des réfor-

mes que dans l'harmonieux concert des prétentions
diverses. Ecouter uniquement un de ces intérêts en sacrifiant l'autre, ce serait couronner, au bout de bien peu
de temps, la ruine de tout le monde.

Sans doute, il convient de faire la part de l'exagération naturelle des idées et de remarquer notamment que
les harangues des tribunes ne reflètent qu'imparfaitement peut-être les véritables opinions ouvrières. Les
délégués, c'est-à-dire les hommes les plus actifs, les
plus remuants et les plus intelligents, qui sont choisis
précisément à cause de ces qualités, forcent inévitablement, dans les excitations de la controverse, les vœux
de leurs commettants. S'ils parlent au nom d'autrui, on
ne saurait oublier qu'ils parlent, avant tout, le langage
de leur propre conviction. Quoi qu'il en soit, il n'est
pas, dans l'état des esprits, de solution plus utile, plus
impérieusement nécessaire que celle qui consiste à rapprocher les intérêts qui se froissent et qui se divisent,
et à créer un accord qui sera le fruit de l'œuvre commune des ouvriers et des maîtres. A cette condition, les
congrès sont une institution recommandable. Ils offrent
un moyen pacifique d'exposer les plaintes et les doléances en même temps que de réfuter les exagérations
et prétentions excessives. La plupart des esprits sont
disposés désormais à se passer du concours de l'État, à
ne plus demander, comme jadis, aux gouvernements,
une intervention aussi impossible qu'intempestive, à
rester en dehors du mouvement officiel. Voilà un progrès, et un progrès considérable, dont il faut beaucoup

louer la classe ouvrière ; mais, d'un autre côté, l'élément ouvrier ne peut pas et ne doit pas être seul. Il reste donc un autre progrès à accomplir, à défaut duquel le problème s'ajourne sans se résoudre. Ce progrès, qui résume tous les autres, c'est, encore une fois, la jonction de l'élément patron à l'élément ouvrier. Tel est le but vers lequel il importe que les intelligences et les efforts convergent. En admettant, ce qui est vrai pour quelques-uns, qu'il est des ouvriers qui ne valent guère la peine qu'on s'occupe d'eux, il n'en est pas moins de toute évidence que les hommes de bien et de conviction doivent les aider, les secourir, les instruire et les moraliser tous, quels qu'ils soient. Dans les hautes classes il ne manque pas de vices non plus. N'y rencontre-t-on jamais les changements à vue, les trahisons, les vénalités, le culte passionné des honneurs et des écus ? Avant de blâmer et de délaisser les autres, qu'on fasse un retour sur soi-même et qu'on se corrige. Et pour ceux qui s'exagèrent le mouvement ouvrier et redoutent un cataclysme, que ceux-là ne s'arrêtent pas davantage. Une révolution, dans notre société moderne, ne part pas ordinairement des anciens partis ; elle ne procède que des classes inférieures. Les classes riches ou aisées ne sauraient rien faire de mieux, pour la rendre impossible, que de diriger avec philanthropie les classes pauvres. En agissant ainsi, elles obéiront d'abord au plus grand précepte de la religion naturelle, d'accord en cela avec les religions révélées. « Faites aux autres ce que vous voudriez qu'on vous fît. » Puis elles conjureront les idées mauvaises, apaiseront les mécomptes, dissoudront les méfiances, dissiperont les malentendus et éteindront les haines. Il faut en prendre son parti. La marche ascensionnelle du peuple ne cessera pas, parce qu'une classe de la société boudera dans son coin. Si l'on veut exercer sur le mouvement social une influence pacifique et saine, il est de toute nécessité de se mettre dans le courant, pour le diriger.

La religion, toutes les fois qu'elle est loyale et sincère, est une planche de salut. Elle demeure comme un roc et un abri conservateur au milieu des confusions de Babel et des incohérences d'idées.

En politique, qu'on accepte franchement un régime qui importe tant à la conservation de la sécurité du pays. Que la controverse systématique et l'opposition quand même ne puisent jamais leur source dans de mesquins intérêts personnels. Il n'en sera pas moins permis pour cela de critiquer loyalement les actes qu'on envisagera comme un écart, et de conserver toujours son indépendance et sa dignité.

Que les rapports religieux et politiques, au lieu de diviser les hommes qu'ils sont destinés à rapprocher, soient couronnés par une tolérance sans bornes. Qui donc se vanterait de posséder seul la vérité? Il y a six mille ans que le monde se dispute. *Tradidit mundum disputationibus eorum.* Il argumentera toujours. Est-il dans la nature deux gouttes d'eau identiques, deux grains de sable pareils, deux abîmes semblables? Dans l'ordre intellectuel où trouver deux cerveaux qui pen-

sent absolument de même ? Si le royal rêveur d'une monarchie universelle, ne parvenait pas à mettre deux
horloges d'accord, la démocratie universelle mettra-
t-elle les cœurs à l'unisson, et ramènera-t-elle les pensées à l'unité ? Profitons donc de cet enseignement du
bon sens et de l'expérience pour laisser librement se
produire des divergences que rien n'empêchera. En
France, et partout, — car c'est une tendance humaine,
— les esprits sont volontiers d'une seule pièce ; ils
systématisent tant et si vite ! Le refus d'accepter un
programme dans son entier, vous classe impitoyablement dans le camp des ennemis et réfractaires. Toujours
la rigueur déraisonnable des exclusions. Comment,
après cela, ne pas tourner dans un éternel cercle de
contradiction et de conflit ? Le bien est à prendre cependant partout où on le trouve. Dans un monde on-
doyant et divers, ne jugeons pas une opinion sur un
mot, un homme sur une opinion, un pays sur un
homme. Poussons à l'harmonie des intérêts et à la conciliation des idées. Demandons au riche et au fort leur
concours, au pauvre et au faible cette raisonnable dépendance de soumission qui est dans la nature des
choses et ne lui fera rien perdre de sa dignité et de sa
valeur. Là où l'usage d'une fermeté nette et accentuée
est nécessaire, les intelligences éclairées sauront ne jamais s'en départir et assurer à chacun le respect légitime de ses droits. En dehors de là, l'éducation, le patronage, le mutualisme, la coopération, l'association,
la fusion des classes, l'union des individus, des corpo-

rations sympathiques et fraternelles, sans autre règle que la liberté.

Le premier remède au paupérisme, c'est le *help-jour-self* des Américains et des Anglais, « notre aide-toi le ciel t'aidera. » C'est avec passion qu'il faut s'acharner à combattre le prétendu antagonisme qu'on a le tort d'établir entre les divers intérêts. Montaigne disait : « Le mal de l'un fait le bien de l'autre, » c'est faux. Voltaire répétait : « Les choses sont ainsi arrangées dans ce monde que ce qu'une nation gagne, il faut qu'une autre nation le perde, » c'est plus faux encore. Proud'hon ajoutait : « Il est clair que ce qu'un homme gagne, un autre le perd, » toujours faux. Au contraire, le salaire de l'ouvrier monte ou baisse comme le profit du patron. Donc communauté d'intérêt. Est-ce que l'ouvrier par hasard travaillera pour son compte personnel ? Le lendemain le salaire serait anéanti. Sans l'intervention du patron, sans celle des instruments de travail et des machines, il recommencerait une fois de plus l'histoire d'un Robinson (1). Son enthousiasme ne durerait pas longtemps.

En dehors des rapports d'intérêts, ce qu'il importe le plus de développer chez l'ouvrier, c'est l'esprit de confraternelle association, pour l'éloigner d'un communisme universel et vague qui le perdrait infailliblement, l'esprit de famille surtout. « La seule école que

_____

(1) Conférence de M. Wolowski, à l'asile impérial de Vincennes. *Moniteur* des 21 et 22 septembre 1866.

« les ouvriers puissent aimer et, à vrai dire, la seule
« puissante et féconde école en ce monde, c'est la fa-
« mille... Les habitudes de la vie de famille sont né-
« cessaires à la rénovation des caractères... Quand, par
« une mâle discipline, on aura rempli les ouvriers du
« sentiment de leur responsabilité, quand on les aura
« dégoûtés des joies serviles du cabaret et ramenés à
« la source des nobles sentiments et des fortes résolu-
« tions, ils trouveront dans les enseignements du
« foyer cette religion du devoir. Oui, la croyance est
« aussi nécessaire à l'âme de l'homme que le pain à
« son corps... Mais, si nous voulons que le sentiment du
« devoir pénètre jusque dans nos os et se lie en nous aux
« sources mêmes de la vie, ne comptons, pour cette
« grande cure, que sur la famille. Ce n'est pas trop
« de cette force qui est la plus grande des forces hu-
« maines pour obtenir un tel résultat (1). »

Au-dessus de tout cela, que l'instruction et l'éducation s'appliquent à rendre les classes laborieuses, morales et croyantes. La libre pensée convient peut-être aux
philosophes, mais non aux ouvriers. Plutôt que de souf-
fler l'esprit d'orgueil et de soulèvement, combien n'est-
il pas préférable de prêcher le respect des droits acquis
et la légitimité de cette hiérarchie sociale qui doit pro-
céder du travail, de l'économie, de la bonne conduite
et de l'honnêteté?

Dieu de justice et de miséricorde, veillez sur cette

(1) M. Jules Simon, dans l'*Ouvrière*.

grande et belle France. Évitez-lui de nouvelles commotions. Inspirez à ses enfants le culte de votre infinie grandeur, l'amour de leur semblable et le respect d'eux-mêmes. Puisse-t-elle être longtemps et toujours vraie, cette invocation qu'on grave en exergue sur quelques-unes de nos monnaies, sur cet or qui est le vœu de tant d'efforts, le but de tant d'ambitions et la cause de tant de malheurs, puisse-t-elle, partie des poitrines chrétiennes, trouver auprès de vous accueil et faveur, cette parole d'espérance : « Dieu protége la France. »

Saint-Quentin (Aisne), 27 octobre 1866.

TABLE DES MATIÈRES.

CHAPITRE IX.

CHAPITRE X.

CHAPITRE XI.

Dépôt légal. 4° trimestre 1971

Paris. — Imprimerie de V. Goupy, rue Garancière, 5.

www.ingramcontent.com/pod-product-compliance
Lightning Source LLC
Chambersburg PA
CBHW070747270326
41927CB00010B/2093